互联网+
方法革命

威廉·D·艾格斯 保罗·麦克米伦◎著
张万洪 章小杉◎译

THE SOLUTION REVOLUTION

How Business, Government, and Social Enterprises Are Teaming Up to Solve Society's Toughest Problems

William D. Eggers Paul Macmillan

中信出版集团·CHINA**CITIC**PRESS·北京

图书在版编目（CIP）数据

方法革命 /（美）艾格斯，（加）麦克米伦著；张万洪，章小杉译. —北京：中信出版社，2015.7
书名原文：The Solution Revolution
ISBN 978-7-5086-5117-0
I. ①方… II. ①艾… ②麦… ③张… ④章… III. ①经济学－通俗读物 IV. ①F0-49
中国版本图书馆CIP数据核字（2015）第073048号

方法革命

著　　者：[美] 威廉 · D · 艾格斯　[加] 保罗 · 麦克米伦
译　　者：张万洪　章小杉
策划推广：中信出版社（CITIC Press Corporation）
出版发行：中信出版集团股份有限公司
（北京市朝阳区惠新东街甲4号富盛大厦2座　邮编　100029）
（CITIC Publishing Group）
承 印 者：北京通州皇家印刷厂

开　　本：880mm×1230mm　1/32　　印　　张：7.5　　字　　数：175千字
版　　次：2015年7月第1版　　印　　次：2015年7月第1次印刷
京权图字：01-2014-5230　　广告经营许可证：京朝工商广字第8087号
书　　号：ISBN 978-7-5086-5117-0 / F · 3363
定　　价：39.00元

THE SOLUTION REVOLUTION

推荐语

这本书告诉我们，面对21世纪，应集结各方力量，挖掘我们的潜能，才能知道我们到底能够走多远。

——珍妮弗·帕哈卡　美国代码创始人、执行董事

从书中可知如今，企业不仅重视成果，也重视后果；社会评价企业，不仅看利润，也看它对世界有多少改变——这种改变只有通过跨界合作才能获得。

——罗伯特·科利莫尔　狩猎通讯公司首席执行官

“方法革命”是解决跨部门问题的实用指南，它给我们提供了一个应对全球性问题的超强思维导图。它启示我们，通过多方人员与组织协作可以产生最有效的影响。

——凯茜·卡尔文　联合国基金会董事长、首席执行官

“方法革命”明智地提醒我们，全球性问题不应全然抛给政府。不管我们身处商界、政界或者社会任何其他角落，只要敢于打破疆界、求同存异，我们就可以找到解决的方法。阅读这本书，加入“方法经济”的大潮吧！

——约翰·麦基　全食超市公司联合创始人、首席执行官

全球人口直逼90亿，政府债台高筑，唯一的出路是把贫困转给后代，但是这种方法是不可持续的。艾格斯和麦克米伦找到了一个更好的办法。这本书值得一读。

——保罗·马丁　加拿大前总理

如果你想知道“方法革命”如何以前所未有的规模和方式开发未被充分利用的资源来创造解决公共问题的万亿美元市场，请读此书。

——雷切尔·波茨曼　《我的就是你的》合著者

艾格斯和麦克米伦生动地描述了打破公共部门、私营部门以及公民社会界限的创新方法。他们向我们展示了所有这些方法，小至开放数据，大至将社会效益转变为实际资产是如何成为可能的。

——杰夫·马尔根　英国国家科技艺术基金会首席执行官

这是一本先驱书籍，它探索了当下社会改革独立于政府管控，走上“第三轨”时已发生的奇妙转型。艾格斯和麦克米伦的即兴革命即将上演。

——彼得·西姆斯　《小赌局》作者

随着青年群体的迅猛扩大，非洲已经走到了历史的拐点。它需要利用创新方法来维持全体居民的福利，这要求各方面的投入，包括政府、企业、非营利机构以及个体社区。这本书及时给他们指明了方向。

——奥马里·伊萨　非洲投资环境研究室首席执行官

不可持续的经济增长模式给我们带来了无数经济和社会危机，为了解决此类问题，我们需要“方法革命”的指引，找到创新方法，加速社会变革。

——罗伯托·阿塔维雅　Viva信托董事长

商界、政府如何与公民变革者和社会企业家携手并进？这本书向我们展示了那些能搞定事情的个人和组织，并且给那些追求社会影响力的人提供了一个完美的起跳点。

——普雷马拉尔·沙阿　Kiva董事长

THE SOLUTION
REVOLUTION

目 录

THE SOLUTION REVOLUTION

序 言

方法经济的力量

公共领域的新生万亿市场

谢尔 · 希尔弗斯坦写的畅销儿童读物《爱心树》自 1964 年首次出版以来已经被翻译成 30 多种语言，故事讲述了一棵树对一个小男孩儿长期以来的无私奉献。一开始，大树给小男孩儿带来阴凉和清新的慰藉。但是，小男孩儿不停地索取，大树只好倾其所有，送给男孩儿它的果实、枝叶还有躯干。最后，即使它只剩下一个光秃秃的树桩，也被派上了用场。

现如今，政府就像小人书里的大树，越来越无力解决其承诺解决的问题。

整个 20 世纪，流行性疾病和基础设施建设等大型公共问题把政府推向了解决大型问题的中心。从建设胡佛水坝到根除天花，从援助非洲经济发展到解决世界教育问题，政府部门永远都是那些志愿改变世界之人的首选。约翰逊总统曾提出建设“伟大社会”，向贫困宣战，这是为实现“免于匮乏的自由”而进行的无休止的努力。这如果不算是政府的最高成就，也至少是政府最大的抱负。

今时今日，我们几乎向政府提出了所有要求。我们要求政府粉碎恐怖袭击，我们要求政府保护公民隐私，我们要求政府防止全球经济衰退，我们要求政府遏制“失败国家”的蔓延，我们要求政府为银行提供担保，我们还要求政府抑制所有涉及国计民生行业（包括教育和医疗保险）的物价暴涨。

这些要求的范围之广和种类之多决定了政府机关的工作经常南辕北辙。公共卫生署要投资减肥项目，农业部要补贴糖业生产。交通部一方面要与交通拥堵作战，另一方面还要资助道路建设。国际发展署要援助第三世界国家的农民，贸易壁垒却使得其农产品难以进入西方市场。

发展中国家也许缺少这样一个雄心勃勃的公共部门，况且它们也负担不起，至少负担不起西方国家那么多的公共部门的费用。对于这些国家而言，GDP（国内生产总值）增长速度若想要跟上工业时代公共卫生与教育开支飙升的步伐至少需要几十年的时间。就印度来说，人均医疗保健开支要翻37番才赶得上加拿大的支出水平。照目前这种发展速度来看，至少要到2070年才有可能实现这种转变。与印度中产阶级的飞速成长相比，这种速度实在太慢了。印度真的负担不起这种高开销的西方模式。

西方国家也越来越感到负担乏力。西方模式的首要特点是政府要照顾到市民各方面的需求，而这一点已经变成了政府最沉重的负担。为了满足选民的需求，政府扮演了一个空前奇怪的角色，因此深陷赤字泥沼，临近破产边缘。

比如，在科罗拉多州的斯普林斯，政府因预算紧张不得不削减市政服务，以至居民得为他们享受的公共服务逐项埋单。如果他们想要小区街灯在黄昏时刻亮起，就要向政府缴费 125 美元；如果想让附近公园正常开放则需要 2 500 美元！

在欧洲和北美，经济大衰退迫使政府采取财政紧缩政策，裁撤警员，关闭那些实在负担不起的学校、医院和图书馆。美国财政赤字平均每天增长 40 亿美元，欧洲的赤字增速更快，在这种大趋势下，财政紧缩已经成为常态。

因此，不管是高开销政府还是低开销政府，都亟须另寻出路，找到一个取代传统的自上而下服务模式的新方法。

幸而，解决社会问题，“找政府”不再是唯一的选择。解决社会问题的方式正在发生阶段性的转变，即从政府主导模式向政府参与模式的转变。在过去的 10 年里，越来越多的新玩家加入了这场解决社会问题的游戏中，其种类之繁，令人眼花缭乱：聪明人基金、阿育王组织、Kiva、卡歌网、Zipcar、Zimride、再生银行、RelayRides、太空探索科技公司、M-Pesa、必能信、彭博资讯公司、皮埃尔·奥米迪亚、比尔·盖茨等，这些组织中涌现出的风流人物不胜枚举，而且这个群体在迅速扩大。他们在我们称为“方法经济”的领域里运作，努力填补政府所能提供的服务与市民切实需求之间的鸿沟。这种方法能够以更低的成本给我们带来更好的成效，以及给我们在财政紧缩与供不应求年代进行公共改革带来希望。

方法经济的出现

20 世纪七八十年代，政府忙于公益，整个社会的私营部门都对米尔顿·弗里德曼关于“企业的社会责任在于扩大利润”的告诫深信不疑。超越盈亏底线的思维被视为偏离正题，甚至会损害其他股东的利益。与此同时，由于美国以外的其他民间团体相较而言规模甚小而且本土化程度高，公民个人和社区组织仅能在有限的规模和范围内活动，解决公众问题的重担还是落在了政府身上。

那时，许多问题得不到解决，而一些行之有效的方法又不容易推广。民众的需求，尤其是第三世界国家贫困人口的需求，总是得不到满足。

如今，一切都发生了翻天覆地的变化。公民、商界、企业家和各种基金组织彼此协作、互帮互助，而不再依赖公共部门解决每一个社会问题了。如果不能说消除的话，这种转变正在模糊过去几十年确立的公私部门之间的界限。

如果说 20 世纪是一个部门分工明晰的时代，那么 21 世纪就是界限灵活的时代，例如，解决公众营养这类问题不再单单仰仗政府部门。

在与传统部门职能重合的中间地带涌现了一种新型经济。这种经济的交易对象是社会成果，交换媒介是公共数据、商业信誉和社会影响。新兴市场发展壮大并且开始产出效益了。这种经济下，经营模式是不同寻常的，其动机也不尽相同，包括社会责任、道德驱动和股东价值取向。

新的解题达人和投资者支撑起了整个方法经济。这些造市者的身份各不相同，有一心重造硅谷奇迹的前沿企业，有超级基金组织，有兼顾经济效益和社会福利的《财富》500 强企业。它们既有在全世界 60 多个国家部署了 3 000 多名创新者的阿育王组织，也有从非洲到美国每年向世界各地低收入人群捐赠了几十亿美元医药的制药巨头。

那么，这群人的贡献到底有多大？不像美国政府时刻记录开销账目，这些数据尚未被系统性地录入。他们的影响力只能被粗略地换算成美元。然而，粗略地估计就知道他们的影响力价值万亿美元。

仅以少量数据为例。2009 年，美国私人慈善组织向发展中国家捐赠总额超出美国政府援助总额 90 亿美元。在受调查的 184 个跨国公司中，平均每家企业向慈善组织捐赠2 200万美元，捐赠总额超过150亿美元。甚至连金融机构投资者也开始投资公益团体了。社会责任投资已经发展成1万亿美元的产业。

方法经济不仅意味着经济机遇，也代表了一种解决社会疑难杂症的新思路。得益于全新的经营模式和轻量级科技，新的解题达人不再那么容易受制于旧的分工界限。不论问题是公共的还是私人的、社会的还是商业的、经济的还是政治的，都不影响新的问题解决机制的出现。相反，触及昔日无法触及的领域，从那些未被开发的地方筹得资金，发挥社交网络作用，这方面的精力和能力才是解决社会疑难杂症的新兴市场的驱动力。

这些价值数十亿美元的市场通常围绕着世界上最棘手的问题展开，从根治疟疾到提供廉价住房，再到解决最贫困人口的教育问题。在方法市场上，社会企业家、非营利组织和跨国公司彼此竞争、协调并且合作，致力于解决社会大型问题。他们的工作不是对市场失灵的修补，而是开辟了一个方法市场。基金会、慈善家、政府部门、私营公司扮演着投资者、资助者以及造市者的角色。不像多数的政府主导项目处处受制于政治，这些日新月异的方法能够迅速向全球扩散。不出10年，联合利华旗下向印度农村地区的妇女提供小额贷款的夏克提组织的规模就从17位女销售员壮大到了45 000人，并给300万普通印度家庭提供服务。目前，它正在向斯里兰卡和孟加拉国拓展。

当然，这一切可能会引起怀疑。你可能会想：我们有鞋业市场、家宅市场、汽车市场，但是社会成果市场好像不在此列。这似乎不合逻辑。这些大型疑难问题不是在市场失灵后转给政府接手吗？以人口贩卖为例，我们知道有人口买卖黑市存在，但是我们能创造出一种市场来阻止这种买卖吗？

在本书中，我们给出的答案是：能。你完全可以开辟出一种市场，至少是一种市场机制，来应对环境治理、下岗再就业乃至人口贩卖问题。事实上，市场和经济生态系统正是围绕各种社会问题而展开的。方法市场上的买家购买社会影响或成果，它包括更健康的社区、儿童能识字、累犯案件减少……而卖家提供这些社会成果：物美价廉的太阳能灯管、追踪沙门氏菌爆发地的程序以及打击人口贩卖等罪行的跨部门网络。

在过去的10年或20年里，政府职能发生了翻天覆地的变化。有时它是投资者，但通常不是唯一的投资者；有时它和其他市场主体打成一片；有时它是造市者；有时它仅为众多志愿者中的一员；有时它只要站到一旁，让方法市场自行运作。

创造共同利益

我们花了两年时间细致地考察这种现象，足迹遍布世界各大热点地区，采访了大大小小数百位解题达人。前后的经历明确地告诉我们：夏克提等项目的成功绝非偶然。围绕着更好的社会成果，一场规模浩大的全球运动，正在悄然生发。

协同使得这种社会变革成为可能。得益于日新月异的科技进步和获取风险投资及其他资本的门槛降低，采用创新经营模式的组织迅速壮大。有了强大的协同工具，市民可以直接与伙伴合作解决问题。企业社会责任意识觉醒后，创新者利用手头的资源解决各类问题更加便捷了。

这类活动的共同之处在于互惠互利：为了提供更好的公共物品，财务奖励与社会激励以史无前例的方式结盟。私营企业利润和公共福利不再矛盾对立。越来越多的解题达人因在解决社会疑难杂症中做出的突出贡献受到奖励。在公共部门、私营部门和非营利部门的交汇点隐藏着价值万亿美元的商机。《方法革命》旨在指引挖掘宝藏的方法。

与某些设想不同的是，这并不意味着社会企业家要冲进来包揽所有的社会问题。相反，我们认为这场游戏中的主角已经出现转变，他们可以通过协同解决社会问题或尝试以新方法解决社会问题来实现互惠互利。

这些行为背后的动机不仅仅出于经济考量。你去拜访任何一家大公司，就会发现企业高管的目标与社会企业和影响力投资基金领导人的目标相契合，而且他们的想法高度一致。而这种一致是实质性对话的基础。更大圈子里的变革也导致利益趋同。用人单位、消费者以及那些梦想经营顶级公司的MBA（工商管理硕士）都期待着更多的利润以外的回报。这样一来，他们对实现利润与价值双赢的兴趣也就更加持久。

这本书的写作基于早年的研究。在此之前，其他的大手笔已经恰如其分地记录了百万富翁慈善家的诞生（《慈善资本主义》）、企业社会责任意识的觉醒（《超级企业》和《道德市场》），以及社会企业的迅速成长（《如何改变世界》）。这些大作极大地启发了我们的思想，但是我们的写作任务不尽相同。首先，我们没有把重点放在少数几类玩家上，而是力图呈现供他们相互作用的环境的全貌；其次，在这些书籍出版后的几年中，情况出现了很多转变。如今，在最大化其在解决社会疑难问题效用的同时，我们可以更加明确地界定并加速这场运动。

方法经济在某些方面与传统经济类似。事实上，与宏观经济一样，方法经济也离不开供给与需求、商品与服务、贸易与物流、资本市场和政府监管。真正发生转变的是市场主体以及他们相互作用的方式。

理解方法经济的运作模式需要我们超越传统的部门分工并且抛弃根深蒂固的传统观念。新的市场主体积极回应那些得不到满足的需求，而且那些我们原以为很了解的市场主体也开始转变了。例如，沃尔玛在肥胖防治中发挥了举足轻重的作用。这些市场主体以非传统的货币为交换媒介——数据、结果、信誉。它们以社会效益为衡量业绩的标杆。它们还发明了别出心裁的经营模式。尖端科技和社会发展是对抗人类旧式问题的新式解药。国际桥梁贯通了世界。正如私营部门里的情况，随着传统准入壁垒的衰微，新的参与者蜂拥而入。

方法经济为 6 种核心要素（见图 0–1）所驱动，它们分别是：解决问题的造市者，颠覆性技术、成规模的经营模式、影响力货币、公共价值交换、方法生态系统。

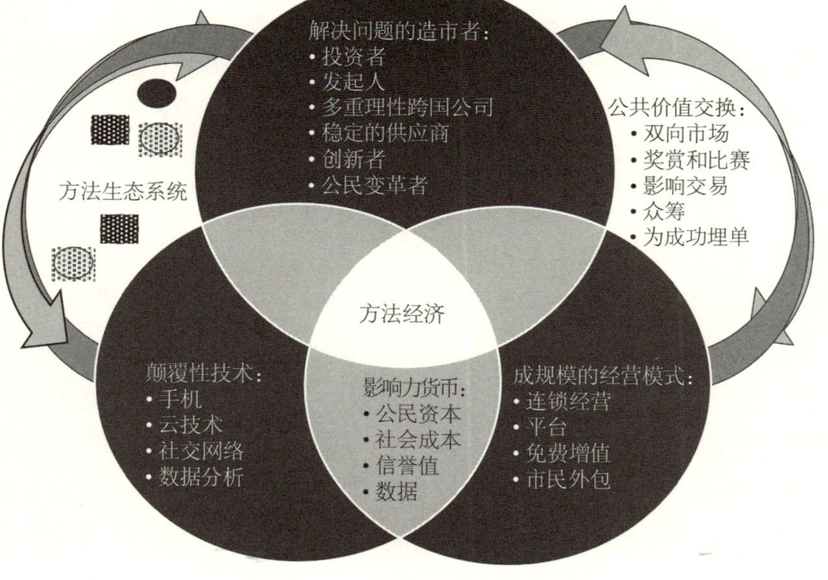

图 0–1　方法经济

以上 6 种要素分别在各自领域发挥效用。但是，只有把这 6 个方面巧妙地结合起来才能实现真正的突破，才能把社会疑难杂症各个击破。理解这种机制的最佳方法是观察它如何在解决实际问题中发挥作用。仅以迄今尚未解决的疑难问题——交通拥堵为例。

为公益而创新——以共享汽车为例

上午 10 点，旧金山教会区中心聚集了约 20 人。Google（谷歌）公司的班车已经穿行在市里接送员工 4 小时了。一辆没有标识、有着彩色玻璃的白色班车在街边停下，员工们陆续上车。有些人抓紧时间闭目养神，另一些人则在向山景城行进的路上打开笔记本电脑开启他们充实的一天。买得起保时捷的工程师也坐上了这趟车。

"我觉得没什么不妥。"25 岁的工程师诺瓦 · 史蒂文斯说，他每天都坐班车上下班。

这辆班车为史蒂文斯、Google 公司和整个社区都创造了共赢。对史蒂文斯而言，它节省了时间和油费。对 Google 公司而言，它既缓解了员工的压力，又减少了对停车位的需求，而且还能帮公司吸引人才。对整个社区而言，它减少了燃油需求、尾气排放和交通拥堵。这是一个非常省时的机制，不仅有益于公众，也有利于个人。

上下班的高峰期不仅使效率降低而且浪费资源，这一事实只是交通拥堵问题的一隅。几十年来，政府尝试了各种方法，包括建设高承载车辆车道，花费数十亿美元精心重建公共交通网络，终归徒劳。不仅拥堵状况没有丝毫好转，通勤成本还持续增长。

现在，77% 的美国人独自开车上班，只有 5% 的上班族选择公共交通工具，拼车人数仅占 10%（1970 年这个比例是 20%）。在英国，选择公共交通的人数更是少得可怜：3% 的市民选择拼车，13% 的市民选择公共交通工具。整个西方的情形大同小异，市民们每天都开着空车来来回回。

美国平均每人每年耗费在交通拥堵中的时间是 34 个小时，所有人加起来一共是 47.6 亿小时。在此过程中，损失的经济机会成本更是令人触目惊心：每天 4.29 亿美元，每年 1 600 亿美元。

但这仅仅是个人损失。每 20 英里交通要花费政府 1 美元，当这些成本累加起来数目就相当可怕了。如果还要算上交通拥堵损失、空气污染损失，甚至道路附近地产的贬值，那么每辆车行驶 1 英里需要耗费的外部成本为 0.27~0.55 美元。

面对此情此景——政府的财库被榨干了，并且油价持续上涨，减少交通拥堵的可能性就像泡沫一样虚幻不实了。虽然政府预算限制了公共交通系统的扩张，但是骑行者找到了变通的方案。这些解题达人要求出台新的法规来保障骑行安全，并且鼓励作为驾车替代措施的自行车共享服务的发展。新的科技使得像Car2Go和Zipcar等租车组织按小时出租车辆变得可行，无车低碳生活也成为可能。

一个充裕但未被充分利用的资源——私家车里的空座，给我们解决交通拥堵问题提供了另一个可行的方案。拼车领域的解题达人想出了许多办法，将单独通勤的人纳入公共交通系统。拼车应用如Zimride、Avego、Carpooling.com迅速推广了这个方案。小型的社区拼车计划，尽管不成规模，也成为方法的一部分。

拼车领域的革命正在如火如荼地进行着。企业家和非营利组织以巧妙的经营方式和先进的科学技术为公共服务事业添砖加瓦。Reward Ride给拼车的司机和乘客奖励分值，用户可以私下交易这些分值。如此开辟了一个小型市场。与此同时，Avego还向乘客展示司机的行车路线，以便乘客寻找顺风车。这个应用发挥了实时作用。只要有乘客等候，它就会提醒司机，并且向司机提供一份潜在乘客的资料。司机可以在等红灯时或者在其他停车点浏览乘客的信息。司机和乘客的行车路线全程由GPS（全球定位系统）定位上传到网上。旅途结束时，Avego会从乘客的账户里向司机转入一笔账（起步价 1 美元，之后每英里 0.2 美元）。Avego也从这笔支出里获取少量提成。用户之间可以互相打分。

“我们把私家车纳入了公共交通网络。”Avego创始人肖恩 · 奥沙利文说。他的说法反映了多数人希望把这个草根公共交通系统推而广之的想法，“用户也开始赢利了，他们的空座变成了资产”。

科技正在再造社会解决自身问题的能力。就拿拼车来说，本书介绍了一些成功的例子，其中许多人的成功得益于云计算、数据分析、社交网络、地理空间分析和移动计算等新兴科技的组合。

新的拼车计划通过数字货币来追踪全程。注册的乘客在Amovens这样的信息平台上发帖，说明他们的目的地和出价信息，还可以讲价。用户通过彼此在网上的信誉点数来决定是否信任对方。因此，别人给你的评分成了一种货币，可以影响司机愿意搭载你的概率。

驱动新方法经济的途径有很多，拼车革命只是众多超越传统政府开销的方法之一。这些方法的形式变化多端，有时是给有潜力的社会企业家提供一笔贷款，有时是一纸科学的免疫配方，有时是与陌生人共享你的私家车。“影响货币”成了一种为社会影响而支付的手段。方法经济飞速增长、演进，而“影响货币”决定着方法经济中资源配置的方式。

方法革命背后的核心理念是：让社会影响成为一种具有真实价值的货币，基金会、政府、创投慈善家和个体公民都认可它的价值。它的表现形式仅受制于提出和交换主体的创造力。

方法经济的另一个重要特征是“公共价值交换”，它是企业家、公司和政府为扩大影响力而搭建的平台。这些交换形式各异，既包括像Kiva这样使具有社会意识的公民向社会企业投资的众筹平台，也包括连接投资大户与解题达人的奖金和“为成功埋单”的机制。

回到拼车的例子上来，因为市民的出行方式很随意，所以拼车服务供应商得想出一个便捷、舒适、安全的替代方案。各类拼车交易经营模式都基于这样一个理念：参与者越多，旅途的安全和准时系数越高。

这种交换一旦成功，其社会影响力不可估量。根据我们的估算，如果美国拼车人数加倍（增长到1970年的比例），并且10%的司机加入拼车，路面行驶的车辆会减少1 600万次，浪费在交通拥堵上的时间可以减少 7.57 亿小时。全美的二氧化碳排放量将降低近两个百分点。

如果政府把节省下来的钱用于建设新的公共交通系统，其数目大约是 275 亿美元，约等于《2009 年美国复苏与再投资法案》中破损道路和桥梁的维修费用。相比之下，拼车计划几乎不花公共部门一分一毫。事实上，美国政府还可以省出 80 亿美元的道路维修成本。

方法经济中最后一个要素是方法生态系统，即为了解决一个具体问题而开发的合作网络。例如，公司、社会企业家、基金组织、个体公民为世界各地数以万计的贫困地区革新教育、提供廉价房而协作。造市者及其他方法生态系统主体向有需要的人分发疫苗。他们为了打击人口贩卖罪行开展了前所未有的紧密合作。并且他们通过独特的人力、物力资源共享机制解决社会疑难杂症。

为了摆脱旧观念的束缚，方法革命一反昔日大型机构处理社会问题的方法。为实现减少交通拥堵、确保饮用水安全、提倡健康生活方式等目标，志愿服务、众筹资金、跨国公司、企业资本、慈善基金等资源被整合在一起，在别的经济市场是看不到如此种类繁多的资源的。

当然，改变人们根深蒂固的交通习惯绝非易事，但也不是不可能。史蒂文斯发现自加入Google团队以来他的凯旋雷鸟牌自行车就没有了用武之地。他说："以前我到哪儿都骑自行车，但是现在已经习惯这种不骑车的日子了。"

将企业家精神带入政府办公室

贯穿人类历史，新的生产方式催生新的经济结构和政治结构。城邦国家是游牧社会向农业社会过渡的产物。18 世纪，由于国际贸易兴盛，要求在公海领域贯彻法治精神、打击走私和海盗行为的呼声越来越高。工业革命后，专利法和其他知识产权保护法成为现代经济正常运作不可或缺的一部分——这在16世纪是难以想象的。19世纪和20世纪，随着大型企业在创造财富中扮演的角色日趋重要，股票交易开始风行。新的生产方式需要新的法律、政治和经济框架。

同理，方法经济也孕育着新的交换、生态系统和货币符号，在这些资源的整合之下，全新的经济组织形式诞生了，政府也不再是唯一的玩家。在那些方法经济发达的国家，供应商与可持续经营规模的结合，催生了向透明度和社会信任度更高的社会变革。投资于社会影响力方面的市场基础设施因此更加健全。而且越来越多的顶尖人才都可以在工作中尽情释放他们对公益的激情。

我们仍在了解政府、企业、投资者和慈善家如何创造并且推动方法经济的发展。为激励公民参与解决国家最棘手的问题，印度政府设立了一个10亿美元的包容创新基金。2012年，英国卡梅伦政府也设立了一个6亿英镑的基金来资助社会问题解决达人。

奥巴马政府也不失时机地引进了一系列措施以支持发展壮大中的“方法部门”，这些措施包括5 000万美元的社会创新基金和新设的社会创新办公室。

负责将总统的想法付诸实践的白宫办公室主任乔纳森·格林布拉特说：“奥巴马总统希望把企业家精神带入总统办公室。我们正在尝试以新的办法解决旧的问题，并且希望把这些新办法推而广之。”白宫甚至专门设立了一个总统创新基金，目的是把商界、非营利组织和学界的顶尖创新人物和政府部门里的顶尖创新人物组合起来。这个团队会在6个月的时间里齐心协力应对重点公共政策问题。“我们认为跨部门领导对于美国的未来是至关重要的。”美国国家首席技术官托德·帕克补充道。

与此同时，美国国务院和美国国际开发署已经开始摒弃对业务具有经济和社会效益的公私合营企业的传统援助方式了。而且，新出台的政府立法鼓励福利企业这种新型公司组织形式，这种企业不仅可以为股东谋福利，更可以为公众谋福利。

撇开利益不谈，这种改进还远远称不上充分利用了方法革命运动。以一个较低的成本换取成千上万人的性命、百万贫困儿童的教育和突飞猛进的卫生条件看起来非常诱人，但是由于其中的潜在影响不可估量，所以投资风险也异乎寻常。

对于公民、公务员或者大企业职员来说，这些问题令人望而生畏。到底要从哪儿着手呢？在以下的篇幅里，我们详细列出了普通市民如何通过众筹资金、影响力投资、互相学习以及大众科学等方式加入这场方法革命的大潮。而且，我们指明了供职于政府部门或大型企业的创新者如何引领他们所在的组织在方法经济里发挥更大的作用。

全书的大致结构如下：第一章主要介绍各种造市者及其打破常规的表现，第二章和第三章重点介绍有助于推陈出新的颠覆性技术，第四章和第五章主要探讨了推动方法经济发展的新式货币以及交换形式，第六章描述各种要素如何被整合起来应对诸如人口贩卖和提供廉价房等问题，第七章列出了 6 种发起方法革命的策略。

在论述过程中，我们会回答与这场运动有关的紧要问题。哪些方法行之有效？哪些不能？政府在推动方法经济中可以做什么？这场运动与传统的非营利组织工作有什么不同？来自各个领域的努力究竟预示着什么？我们怎样判断这场新型跨部门治理方法的成败得失？

一切都要从了解日益壮大的方法革命核心群体——造市者开始。

THE SOLUTION REVOLUTION

How Business, Government, and Social Enterprises Are Teaming Up to Solve Society's Toughest Problems

第一章 造市者

"互联网+"时代的新玩家

现代人使用的抽水马桶发明于18世纪。此后的两个多世纪里，马桶的抽水、排水系统几乎没有什么变化。也就是说，为解决方便的问题，全世界25亿人要么将就这种不安全的马桶，要么在外面解决。可以说比尔和梅琳达·盖茨基金会（以下简称盖茨基金会）接手了一个烂摊子。2011年，盖茨基金会向8个大学科研项目注资40万美元，用之为第三世界人民研发用水量少、使用卫生、价格低廉的马桶技术。

一年之后，这些团队齐聚西雅图盖茨基金会总部，参加为时两天、激动人心的"重新发明马桶"展览会。发明家们纷纷展示了他们的技术原型和得意之作。在这些新式马桶中，有一个马桶采用水资源循环利用的冲水系统，还有一个马桶可以利用太阳能释放氢气并发电。与会者们，其中包括学者、发明者、投资者、倡导者以及贫困社区代表，都异常兴奋。

不久之前，人们还会觉得慈善组织投资产品开发的做法荒诞不经，若该组织还要投入资金和技术来推广产品就更加异想天开了。但是，怪诞的想法已经被付诸实践。今日的慈善组织，如盖茨基金会，已经在部署投资并发展方法经济了。

盖茨基金会是全世界最有影响力的慈善组织之一。它的志向十分高远：在卫生和教育领域取得突破，改善全人类的生活。比尔 · 盖茨说："私人资金可以在政府资金不愿冒险的领域发挥作用。"

盖茨基金会的规模大到了令人难以忽视的地步。2010 年，其资产总额达 370 亿美元，令福特基金会、洛克菲勒基金会、卡内基国际和平基金会等大型传统基金组织相形见绌。盖茨基金会的工作人员遍布世界十几个国家，有上千名员工负责执行项目，并且产生了广泛而深远的影响。盖茨基金会的年捐款预算是 32.1 亿美元，而丹麦全部的海外投资预算是 27.6 亿美元，对比之后我们就知道盖茨基金会到底有多强大了。

盖茨基金会的规模和创新方法造就了它无与伦比的影响力，其规模之大、影响之深在别处已有详细记载，它完全可以解决以前由政府垄断的疑难问题。更为重要的是，盖茨基金会是造市者，即变革社会疑难问题解决方式的企业、非营利组织、政府机构、公民个人中的先驱。方法经济里的造市者以新的眼光打量旧的问题。

或许这场变革在国际发展中最为显著。20 世纪 70~90 年代早期，政府垄断了国际援助，其结果不尽如人意，大量资金被腐败政客贪污了。即使经济援助成功下放到地方，大型项目总是不能实现它们设想的那些足以改变人们命运的宏伟目标。

如今，私人慈善组织向第三世界国家的捐赠超过了所有政府对这些国家经济援助的总和（请注意，这不是笔误）。同样值得注意的是，富有企业家精神的先驱者们开始接纳创新方法了。譬如盖茨基金会就采用了一个高度以数据为导向的投资模式。他们的投资目标不在那些写得很漂亮的项目和政府资助计划，而在那些能够切实改变现状的项目。诸如改良蚊帐和马桶这类对贫困群体有重大影响的革命如雨后春笋般涌现。家财万贯的慈善新星们把他们的信念和金钱放在了指标导向的监管之下。

造市者可以直接或者间接地通过他们的影响力实现既定的社会目标，比如投资和扩散创新方法，或者号召生态系统内各大玩家协作。造市者们可以在力所能及的范围内协助其他参与者并且促成生态系统内的合作。他们的工作绝非小打小闹，而是实实在在地颠覆了人们处理问题的大环境。

造市者的部分工作是以各种创新方法改变一个领域，随着时间的推移，这些方法将成为行业的通用方法。盖茨基金会就是通过引进公司纪律规范行业行为。商场通常以利润率和销售额这些可以计量的指数来衡量效益。然而，社会影响历来都不那么容易计量。盖茨基金会涉足这一领域时，衡量社会影响的标准尚不成熟。于是，它研发了将投入和社会影响关联的指南。比尔 · 盖茨全身心投入基金会工作几年后，基金会影响力迅速扩大，员工人数增长了 3 倍，捐赠额持续上涨，当然，这在一定程度上得益于沃伦 · 巴菲特的万亿美元捐赠。

盖茨基金会是慈善行业里的巨头，但在解决社会问题、提高社会效益的造市者队伍里，它只是芸芸众生中的一员。当然，不是说只有亿万富翁才能做出这种成绩。阿育王组织的上千名员工都是完全意义上的平民百姓，他们通过整合跨部门工作能力而不是财物捐赠来解决社会疑难问题，创造社会影响力。

一个错综复杂、彼此交织的造市者网络（见图 1–1）出现了，这个网络里有投资者、召集人、跨国公司、变革者、供应商和创新者。他们各自在方法经济里发挥其独特的作用。当他们围绕一个共同目标展开协作时，其效果就相当明显了。从投资研究社会根本问题，到承担创新方法研发早期投资风险，再到推广使用协同工具，造市者们为解决社会疑难杂症提供了不少出路。

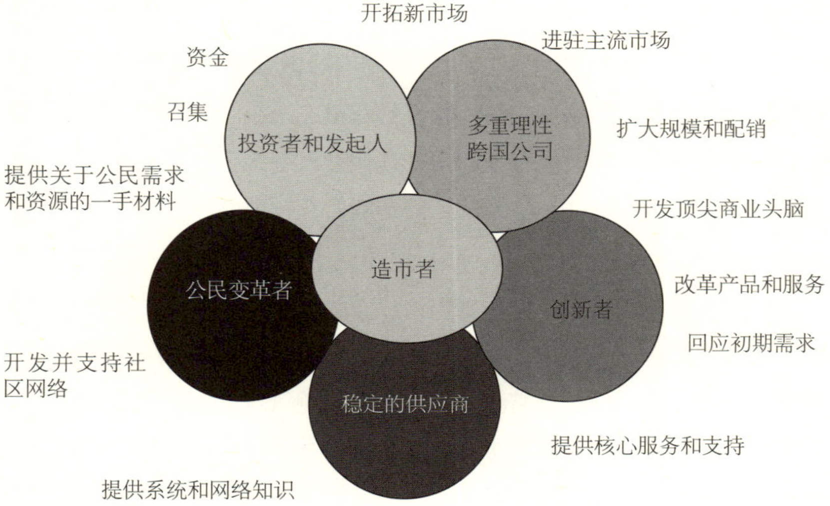

图 1–1　方法革命中的造市者

投资者：惊人的捐赠数额

印度一家连锁医院一年为 30 万病人提供了白内障手术，平均每位病人的收费标准仅为 25 美元。一家蚊帐制造商誓要预防坦桑尼亚每年 1 800 万起疟疾和因疟疾导致的 10 万死亡病例。一家有企业家精神的自来水厂给印度 20 多个缺乏洁净水源的村庄提供安全低价的饮用水。

这些毫不相关的公司有什么联系呢？其一，它们的经营模式多着重于以市场化方法为第三世界贫困人群提供基础设施和服务。其二，它们都有一个共同的关键投资者——总部设在纽约的聪明人基金。

聪明人基金创始于 2001 年，它的主要宗旨是向专为贫困人群服务的企业投资。它是蒸蒸日上的影响力投资界的先驱者。影响力投资把风险资本融资和经营模式应用于社会活动。聪明人基金不是唯一的领导者，圈内还有其他举足轻重的玩家，譬如易趣网创始人皮埃尔·奥米迪亚及其夫人帕姆创办的奥米迪亚网络，草根资本组织，新学校风险基金，埃里法尔股票。由于这些组织资金多来源于善款，所以他们可以自由投资社会影响力。与此同时，基金组织将此类资金投入借贷和股票业务，帮助设立更适宜规模化和持续发展的企业，后者可从商业投资者处吸纳投资。

这类投资者早期的投资额可能少于一流风险投资公司向初创企业投资的数额。然而，数百家成功企业，包括服务对象过百万的企业，之所以有今日的规模，在一定程度上得益于这些早期投资者的远见和资助。

传统的风险投资公司向无数初创公司注资，希望能一本万利。创投慈善家也一样，他们希望投入资金后能够收获令人惊叹的社会回报。传统投资用利润说话，社会影响力投资用受益人群、创新方法这类社会回报指数说话。聪明人基金就是这样改变几百万人生活的，虽然它的年度预算只有 1 000 万美元。它投资了非洲，印度和巴基斯坦的企业。在确定出六大因物资和公共服务匮乏导致贫困人群致富艰难的领域后，聪明人基金迅速投资这些领域，将投资资本兑换成社会影响力。获取农资的途径拓展后，庄稼产量提高了，许多家庭有钱给孩子们交学费了。自来水质量提高后，痢疾和其他水传播疾病发病率降低了，医疗保健成本也降低了。

基金创始人杰奎琳·诺沃格拉茨创设聪明人基金是为了彻底改造第三世界的慈善行业。它始于这样一个坚定而尖锐的信念：现有的慈善机构，虽有几十年的历史，却没有发挥它们应有的作用。聪明人基金工作的重点在于开辟服务贫困人群的市场，而不是援助那些腐败政府和以西方善款为生的机构。诺沃格拉茨说：“穷人们愿意购买那些他们重视的而且支付得起的服务。”基金会向其他企业投资或贷款，一般期限为 5~15 年。诺沃格拉茨说，这样做是为了资助“那些愿意把穷人当作可以自由选择的顾客而不是单纯的救助对象的企业家”。

如今，全世界有35亿穷人被排除在传统顾客市场之外，他们仅能在非正式市场参与经济交易。为了改变这种状况，聪明人基金大规模资助那些把穷人纳入市场的企业。虽然聪明人基金走在这条路的前列，但是它后面有一大批组织陆续加入了这场运动。这些组织资助地方企业的方式各有不同，本书也会介绍它们。

不是所有的善举都能换来利润，但是利润却可用于善举。沃伦·巴菲特解释道，“我在这样一个经济环境里工作：在战场上挽救他人生命的人获得的回报是一枚勋章，在教学工作中做得出色的老师获得的回报是家长的感谢信，而那些会炒股的人获得的回报却是数以亿计的财富。”亿万富翁巴菲特承诺将其99%的资产捐赠给慈善组织。他的慈善之旅始于2006年，那时他承诺把伯克希尔·哈撒韦公司的股票悉数捐赠给公益事业。2010年，巴菲特、盖茨夫妇以及其他超级富豪代表承诺“把大部分财产捐赠给慈善”。在泰德·特纳宣布向联合国捐赠10亿美元的10年之后，巴菲特把价值15.2亿美元的股票捐给了盖茨基金会，改写了游戏规则。

迄今为止，190多位亿万富翁加入了巴菲特和盖茨的捐赠誓言，其中2/3的加盟者在《福布斯》美国财富400强榜上有名，这展示了慈善行业前所未有的和谐与规模。这些慈善家多数被写入了前文提到的《慈善资本主义》里。他们大多有具体的社会目标，比如乔治·卢卡斯向教育部门捐赠了40亿美元。这些捐赠宣誓为公益事业带来了亿万慈善资本，其中许多被用于意想不到的领域。

当然，巨额捐赠不是西方独有的风景。在非洲，首位加入捐赠誓言的是南非首富帕特里斯·莫特赛比。莫特赛比发迹于采矿业，他的善款主要用来改善南非和其他地区边缘群体的生活。

此时，移动通信大亨莫·易卜拉欣立志重塑非洲形象，以出色的领导和良好的治安而不是抢占头条的失败事迹给世界留下印象。2005年，他以34亿美元卖了塞尔特移动通信公司，这笔钱用于了慈善。他的基金会给以民主和商业促进国家发展的前非洲领导人颁发500万美元的终身成就奖。一些人批判富人们做慈善只是往社会疑难问题上砸钱而没有奉献他们的商业头脑和人脉关系，作为衡量非洲56个发展中国家发展进程全球性指南的易卜拉欣非洲治理指数就是对这些质疑的有力反驳。另一位同样有影响力的慈善家是尼日利亚银行家、投资家托尼·依路米路，他把自己的巨额资产和商业头脑都投入到慈善中，以求增强非洲私营部门的竞争力。依路米路的善举引起了广泛反响，现在，非洲人民不仅可以克服困难并且还能在此过程中找到致富之路。

驱动方法经济的，除了巴菲特、易卜拉欣这样的亿万富翁和聪明人基金、斯科尔基金、奥米迪亚网络这种大型基金组织以外，还有很多重要的投资者。他们的形式各异，有政府部门，有影响力投资者，有多国组织，也有传统的基金组织。

2010年，美国慈善基金向外捐赠了1 900亿美元。由于慈善资金源头拓宽并且普通公民创设慈善基金路径增多，今日全球慈善组织的影响力远非10年前所能比拟。事实上，较之20世纪90年代后期至21世纪初叶，慈善机构的资产翻番了。当然，发展速度最快的还是欧洲，他们的慈善组织数量增加了6倍。创新技术、自下而上的经营模式和激增的众筹网站加速了慈善行业的民主化进程。来自四面八方的善款可以被集中起来办大事了。2012年，社会责任和环境投资比2010年增长了22%，占全部美国资产的11%。

量一量方法经济

公司慈善：2012年，上市公司全球捐赠总额达410亿美元。自2007年起，《财富》500强公司捐赠额年复合增长率达10%。

召集人：聚光灯下的天使

当灯光暗下来，谈话停止了，所有人的目光都投向舞台中央的蓝色聚光灯。在等候会议主持人入场时，1 200 多名与会者用眼角的余光打量着彼此。会议室里安坐着投资家沃伦 · 巴菲特、高盛董事长劳埃德 · 布兰克费恩、百事可乐总裁英德拉 · 努伊、YouTube网站联合创始人查德 · 赫利和陈士骏等商界名流。与会者里还有美国前国务卿马德琳 · 奥尔布赖特、哥伦比亚总统胡安 · 曼努埃尔 · 桑托斯等政界精英，以及穆罕默德 · 阿里和安吉丽娜 · 朱莉等明星社会活动家。这场会议已经紧锣密鼓地筹备几个月了。

会议召集人——美国前总统比尔 · 克林顿大步走到台上，落座，以温暖的标志性微笑向其他观众致意。现场响起雷鸣般的掌声。

克林顿全球倡议年度大会的举办昭示着他们向社会问题大举宣战的决心。这么多有影响力的人齐聚一堂本身就是一种力量。正如高科技企业聚集地硅谷鼓励创新一样，造市者济济一堂的大会也鼓励乘数效应。

会议的焦点迅速推进到这些重磅问题上：怎样有效促进可持续消费？哪些机会对于发展中国家女性最具变革意义？每个桌子上都聚集着智囊团，他们对既定议题畅所欲言。

与会者不仅要承诺针对一些具体的社会紧迫问题采取行动，而且要将这些承诺付诸实践。会议全程，政界精英会宣读这些承诺并且报告前一年承诺的兑现情况。理查德 · 布兰森大胆宣布将未来 10 年维珍集团所有维珍航空和旅游相关业务利润悉数捐赠到清洁能源开发中。百胜餐饮集团首席执行官戴维 · 诺瓦克汇报了 2008 年百胜公司关于与世界粮食计划署合作消除世界饥饿的诺言已经完成了 80%。微软公司承诺三年内给 10 万教育工作者和 100 万低收入家庭提供免费高速宽带。

克林顿全球倡议大会是个集结号，它召集了农村地区和大城市里各行各业形形色色的领导者。大会通过集结这些杰出人士引起人们对那些跨国界和专业领域方法的注意。当然，会议结束后，商业活动回归正常时，是否履行承诺全看与会者的个人意志。

克林顿全球倡议大会并非唯一有如此号召力的组织。之前由世界银行等政府机构和联合国机构包揽了全球性问题，现在越来越多的全球性会议也开始谈论此类大问题。TED（技术、娱乐与设计）大会和达沃斯世界经济论坛也召集了政府部门、私营部门和非营利机构等各方人士解决社会疑难杂症。世界经济论坛的动作吸引了全球公众眼球，比如1988年达沃斯论坛关于阻止希腊与土耳其战争的决议和年度发行的全球竞争力报告。

与此同时，作为世界最活跃变革者舞台的TED演讲获得了5亿点击率。TED充分认可其网络的影响力并且把这种影响力当作部分TED大奖奖品。2010年，健康食品大师杰米·奥利弗获TED大奖时，他利用TED网络邀请支持者参加他的食品革命并签署安全食品进校园联名信。迄今为止，约80万人在联名信上签了名。

一些批评者把克林顿全球倡议大会、达沃斯世界经济论坛、TED大会及其他大型论坛当作有权有势的富人们说大话的地方，但是这种质疑不能抹去论坛的实际影响力。克林顿全球倡议大会一共吸引了2 300个捐款承诺，价值730亿美元。预计这些承诺可以改善4亿人的生活。区区几千与会者能够做出如此贡献实在惊人。

当然，不是所有的论坛都把重点放在社会精英上。Aspen企业发展网络联合了地方团体、大型投资基金、企业、学术研究机构和政府机构来扶植130多个发展中国家的小型企业和促进可持续发展。达沃斯世界经济论坛也在城市中心网络上组建了“全球杰出青年社区”，这是一个积极应对区域和全球性问题的年轻有为社会活动家的聚集地。

还有一些召集人把目光聚集在一个具体地区或者具体问题上。例如，阿维纳集团长期以来专注于服务拉丁美洲。拉丁美洲是世界欠发达地区里的最发达地区（75%的人口住在城市），但是其稀缺的生物多样性正面临危机。为了解决这一难题，阿维娜集团和斯科尔基金会、福特基金会、可口可乐基金会以及其他草根集团展开合作，其目的在于创建50个拉美可持续发展城市。此外，阿维纳集团还和其他商业合作伙伴、国家政府机构合作打造了拉丁美洲气候平台，致力于减缓全球气候变暖。

对于召集人来说，乘数效应是他们的制胜法宝：好的想法可以迅速传遍全球。许多召集人有着史无前例的影响力，这一点是至关重要的，因为方法革命有赖于新的治理模式将理念的传播与意见领袖联系起来（并以理念加强意见领袖的影响力）。召集人在解决社会问题中居功至伟。他们不仅把重要参与者聚集在一起，而且打破了传统部门对主要全球问题话语权的垄断。

多重理性跨国公司：经营理念的转型

迪安·卡门是世界上最了不起的投资家之一。他拥有大大小小400多项专利，几乎涵盖了从赛格威电动车到灌溉设施再到植入式胰岛泵等一切发明。他的成功很大程度上归功于他的科学天赋以及超凡的宣传其发明效用的能力。

为展示其专门为美国国防部高级研究规划署设计的改良版假肢性能，卡门让使用者现场戴上假肢并且演示剥香蕉皮和煮咖啡。事实证明，这种假肢较之前的运动技能大大增强了。他那长岛人独有的坦诚把人们的注意力导向这些发明的灵巧性，而忽视了其中的复杂性。他知道怎样让听众了解他的意思。

然而，如何激发人们对解决水资源稀缺性问题的兴趣着实令卡门头疼了一回。2003 年，卡门的团队设计了“弹弓”净水设备。该设备以各种能源（包括牛粪）为燃料，每天可生产几千吨纯净水。卡门希望带领他的团队推广这套设备，解决数十亿人的饮水问题。“弹弓”可以从最浑浊的液体中净化出安全的饮用水。斯蒂芬·科尔伯特在“科尔伯特报告”节目中表示不相信“弹弓”有这么强大的功能。他把一袋鲜红的超辣立体脆（百事的一款食品）倒入“弹弓”，不出一会儿，它真的净化出了无色的水。卡门说，这套净水设备可以从海水、尿液甚至是毒性废料中滤出干净的饮用水。

且不谈这些有趣的逸事，每年有 340 万人死于水传播疾病，“弹弓”则可以通过预防这些疾病来挽救他们的性命。卡门用私人财产向这套净水设备投入了 5 000 万美元。可惜的是“弹弓”销路不佳。对于卡门的报价，联合国和其他非政府组织要么婉拒，要么不予回应。这种消极反应让卡门明白：要大量投产“弹弓”并降低成本，指望非政府组织是不行的。

可口可乐公司的业务遍布全球 150 多个国家，甚至那些最偏远的农村地区也在其列，这种影响力令卡门叹为观止，他决定将可口可乐公司定为目标客户。2005 年，他为可口可乐公司设计了一款提供混合碳酸饮料的自动售卖机，希望以此建立合作的基础。如今，为提高水资源管理质量，可口可乐公司在加纳农村地区配置了“弹弓”净水设备。可口可乐公司从水资源利用的多个方面着眼，并从其生产实践着手。自从水资源管理改进后，可口可乐公司的用水量一直保持平衡，并且其销售额一路攀升。

与卡门合作拓展净水资源的方式，为可口可乐公司本来就影响深远的拓展洁净水源活动锦上添花。可口可乐公司还与大自然保护协会和美国国际开发署等组织展开合作，改进水资源管理。目前，可口可乐公司的“非洲安全饮用水计划”已经惠及西非多个水源恶化地区。

较其他机构而言，可口可乐这样的跨国公司传播社会变革的速度更快、范围更广。这种传播能力又放大了那些把社会使命感从无足轻重地位提升到商业决策首要考虑因素的全球性公司的意义。

“二重底线”认为企业应当追求利润和社会影响。“三重底线”认为在二重底线的基础上应该增加环境影响这一项。这些理念引起了大中小型企业的重视。各企业的反应不一，有的加强了企业社会意识，有的把企业利润重新投入到社会影响中。最近几年，企业社会责任意识深入人心。1990 年，仅有为数不多的 70 家企业发布了企业社会责任报告书；而今天，已有几千家企业发布了企业社会责任报告书。2006 年，《财富》500 强公司发布企业社会责任报告书的比例仅为 25%；如今，这个比例攀升到 80%。也许企业责任意识报告书发行量的增长并不绝对导致社会影响力的增强，但是这种增长本身就代表着一种观念的转变：《财富》500 强公司不只是创造利润。

几十年前，人们会觉得卡门与跨国公司合作消除水传播疾病的想法是痴人说梦。1970 年，米尔顿 · 弗里德曼在《纽约时报》上宣称：企业的社会责任在于创造利润。这种理念代表了当时广泛流行的对企业社会角色的定位。

然而，最近许多企业高管反思了这个命题。全食超市公司创始人约翰 · 麦基走在了这群人的前面。作为一个骄傲的自由主义信徒，麦基当仁不让地位居自由市场榜首。然而，他在《有意识的资本主义》写道：企业要考虑的因素很多，投资者只是其中之一。顾客、员工、销售商和社区也是利益相关者。公司的决策会影响到所有相关人士，所以它需要为各方谋取福利，只有这样才能创造持久的利润和社会影响。

全食超市公司这种理念开始流行起来。麦基的“有意识资本主义研究所”每年吸引了大量包括美国户外用品连锁店、货柜商店、乔氏超市在内的大型企业决策者，他们在此商讨如何把这种理念贯彻到企业经营实践中。

同样，哈佛商学院教授迈克尔·波特和社会影响咨询公司——自由标准组织（FSG）创始人马克·克雷默把杰德·埃默生的“混合价值”改成“共同价值”。“共同价值”指的是“在创造经济价值的同时，通过回应社会需求和解决社会问题来创造社会价值”。厉行共同价值的公司把企业成功和社会进步联系起来。

“我们可以让市场力量更好地为穷人服务，”比尔·盖茨解释，“如果我们设想出一种更有创意的资本主义模式，如果我们把市场力量所能触及的范围拓宽，那么更多的人可以从为最贫困人群服务中获利，或者至少能以此养活自己。”

麦基、盖茨、埃默生、波特和克雷默都坚信企业不应该再把克服社会问题看作政府和非营利机构的专利。尽管具体用语可能有所不同，但是他们都达成了这样一个共识：只关心企业利润不再合理，而且从长远来看，还会成为企业的负担。企业决策会产生连锁效应，牵涉到文化和环境生态系统，而且这些影响是不容忽视的。企业对其正面或负面的社会影响视而不见是以牺牲长远利益为代价的。为此，企业在决策过程中必须综合考虑各种内部和外部因素。所以，有“多重理性跨国公司”一说。

越来越多的研究报告表明：全面衡量企业的角色可以帮助企业提高赢利水平。来自加州大学戴维斯分校的保罗·格里芬和伯克利分校的孙元，以一些发布企业社会责任报告的企业为对象进行了一项调查研究，结果表明：发布报告后，股东的眼界拓展了，而且企业市场总价值增长了100亿美元。奇怪的是，小企业从发布报告中获益更多。沃顿商学院2007年的一项研究表明：致力于为利益相关各界谋福利的企业业绩大大超过标准普尔500指数。

许多成熟企业第一次与方法革命触电缘于企业慈善活动。由于企业源源不断地注资，今日的慈善捐赠数额和全球影响力都是史无前例的。企业慈善促进委员会的调查研究表明，214 家受访公司在 2010 年总共捐出了 155 亿美元，该数额比联合国发展计划年预算还多。在这些受访公司中，82% 的公司有自己的基金或信托。

然而，单靠慈善不可能达到多重理性跨国公司的要求。相反，企业越来越注重把它们的竞争能力和专长应用到解决社会问题中去，非营利组织已经在这一领域奋战了数十年。为在 2015 年前根除非洲破伤风之患，总部设在辛辛那提的宝洁公司与联合国儿童基金会展开合作。帮宝适纸尿片销售利润用于为孕妇和新生婴儿提供免费疫苗接种。迄今为止，这一计划已经为 3 000 多万人免疫并且引起了社会对破伤风问题的广泛关注。

联合利华是另一家企业改革先驱。自 2000 年起，它与非政府组织、银行、政府展开合作，为印度卫生形势严峻的农村地区提供清洁用品。它雇用农村地区的妇女为销售人员，在满足卫生用品匮乏地区 6 亿居民需求的同时，把这些妇女及其家庭从贫困中解救出来。这种金字塔底层方法（后面还会做详细介绍）为联合利华打开了一个新的市场，它还表明做善事也是一门好生意。

对联合利华推进社会变革行为表示怀疑的大有人在。一方面，一些保守主义者和自由主义者认为，企业要为社会谋福利可以通过增加就业和改善服务达到目的，而不需要通过公益途径。另一方面，一些个人主义者认为发布企业社会责任报告和其他的一些看似无私的行为说到底还是为了谋取企业利润（当然，有些的确如此）。还有一些人认为关于企业社会责任报告和企业社会变革作用的宣传言过其实。政治学家戴维·沃格尔在《市场的美德》一书中写道，做善事的企业有市场份额，不那么积极参与公益的企业也有市场份额，而且“前者的规模与后者似乎没有关联”。

这些看法都有一定的道理，但是他们忘了一点：因为经济奖励和社会奖励的趋同，企业已经超越了传统的企业社会责任阶段了。当一个热点社会问题被当作市场机遇而不是慈善问题时，从长远来看，企业行为更可行和易推广。

因此，一个企业的贡献通常与其独特的能力和目标有关（见表1–1）。医疗保健公司往往更加关注健康问题，对受教育程度要求高的技术公司通常赞助高等教育。从国际范围来看，教育和卫生领域的捐赠占了大半，其比例远超包括艺术和赈灾在内的其他领域。

表1–1　多重理性跨国公司举例

公司名称	目标问题	活动/年份	成效
可口可乐	清洁饮水	非洲清洁饮水项目，2005年	2012年，382个社区饮水计划，160万人受益
全食超市	贫困问题	年度成功运动，2009年	给100多万人提供小额贷款，2012年筹款560万美元
壳牌	贫困问题	壳牌基金，2000年	投资12亿美元解决发展问题，提出可扩展的基于企业的解决方案
美捷步	城市复兴	城区项目，2011年	向房地产、教育、小企业、科技初创公司投资3.5亿美元帮助拉斯韦加斯转型
宝洁	健康问题	破伤风疫苗，2006年	使3亿孕妇免疫
联合利华	卫生问题	夏克提计划，2000年	2009年，印度15个邦13.5万个村庄4.5万家企业受益
沃尔玛	健康食品	美国农业部在“食品荒漠”开设商店计划，2011年	于2016年前在“食品荒漠”地区增加275~300家商店，提供4万份工作，为80万人提供健康食品

（续表）

公司名称	目标问题	活动/年份	成效
微软	互联网接入	高速宽带，2011年	3年内给100万低收入家庭提供高速宽带
百胜集团	饥饿问题	世界饥荒救济项目，2007年	给美国贫困人群捐赠1.48亿磅食物（价值6.5亿美元）
美国通用电气	癌症和环境	绿色创想，2004年	使用天然气汽轮机替代火力发电，每年减少260万吨二氧化碳排放量
维珍集团	环境问题	环境友好型能源	使用空客A320飞机，每架飞机每年减少3 600吨二氧化碳排放

许多公司变得更加注重多重理性了，它们把公司宗旨和社会责任融为一体。马克 · 克雷默说，"社会影响力是衡量企业竞争力的重要指数，各企业不得不在改善社会环境和实现社会产出方面展开竞争"。在这场潮流中，消费者亦有贡献。一项爱德曼全球调查显示，大部分消费者认为仅捐赠尚不够，他们敦促企业把社会使命感贯彻到日常业务中。

乐善好施的罗宾汉

把捐赠额与公司收益挂钩是企业对社会价值的大胆承诺。这等于对外宣称"我的就是你的"，这就是我们说的乐善好施的罗宾汉再分配效应。

每卖出一双鞋，汤姆布鞋公司就向外捐赠一双鞋。迄今为止，它已捐出200多万双鞋子。每卖出一件商品（这些产品在星巴克等随处可见的商店有售）健康零食公司KIND就向非政府组织建立和平事业基金会（Peace Works）捐赠一件商品。建立和平事业基金会旨在从基层起解决巴以冲突，为老百姓提供技能培训，举行市政厅会议，发动温和派支持和平的两国方案。

巴塔哥尼亚公司将其销售额的1%捐赠给环境组织，应对各种生态挑战，包括恢复受损珊瑚礁、阻止滥伐森林、保护国家自然地标。公司创始人伊冯·乔伊纳德常说环境捐赠只是公司运营成本的一部分。2002年，他创办了非营利组织"为地球捐赠1%"鼓励其他公司加入他的行动。近年来，每天至少有一家企业加入这场运动。迄今为止，该组织成员已有1 200家公司。1%看似微不足道，但是世界40多个国家所有会员公司已经向非营利组织捐赠7 000万美元。不只如此，2010年，该组织的捐赠额还增长了40%。

创新者：利润与社会责任兼得

兼顾企业利润和社会使命感的创新者大致可以分为两类。第一类是社会企业，它们把社会使命感放在企业利润前面，市场对它们而言只不过是改变社会的舞台。这些创新者被称为社会企业。

第二类是市场创新者，对于它们来说，企业利润是第一位的。但是这类企业依然十分热切地希望在满足消费者需求的过程中为能够改变现状的创新型企业社会责任产品和服务开辟一片市场。在市场创新者看来，为最贫困人群提供收费卫生和教育服务、创造拼车条件、开发新能源是一种可以为企业带来利润和社会影响力的未被开发的资源。尽管与多重理性跨国公司相比规模不大，这些市场创新者仍把它们的活力、激情和企业家精神投入到企业经营中，致力于填补市场供给和边缘人群需求之间的鸿沟并且寻找攻克社会顽疾的新方法。

社会企业革命：一边赢利一边行善

无私的行为与精明的商业头脑并不矛盾。以西雅图的FareStart餐厅为例，古色古香的餐桌是它的特色，这些餐桌都是用回收再利用的木头做的，餐厅因提供优质的食品和服务赢得了口碑。它旗下的餐饮公司和餐馆业务如日中天，为弱势群体提供了超过500万次膳食。

这些鼎鼎有名的餐厅里，厨师都是通过工作安置计划招募来的。“我感觉整个人都改头换面了。”咖啡师卡特说。在此之前他饱受抑郁症的折磨，现在他就读于社区大学。由于西雅图市民对咖啡的无限需求，FareStart在此开设咖啡馆正好可以培训像卡特这样的年轻咖啡师，为城市失业的年轻人和流离失所的人尽一份心。

FareStart招聘的新人常常是前服刑人员和滥用药物者。在这里，他们不仅可以学到厨艺，还能重拾自信和安定生活。

世界其他餐厅也致力于帮助失业人群获得谋生技能和工作经验。或许这一行里做得最出色的是杰米·奥利弗，他在伦敦有一家潮流餐厅名为“15”。这种模式渐渐传播到其他行业。据前社会企业联盟领导人、美国社会企业设计师杰尔·波什估计，大约有2/3的社会企业致力于以促进贫困人群就业来创造社会效益。

有些社会企业多专注于解决地方问题，如西雅图的FareStart，另外一些社会企业则致力于扩大规模解决国家问题乃至国际问题。布赖森是北爱尔兰最大的社会企业，它每天为北爱尔兰提供24 000次服务，这些服务包括关怀老人、能源利用和废弃物处理。每家英国企业平均每年创造500万英镑效益，而布莱森的年度效益达3 000万英镑之多。

一些社会企业已经走出国门走向世界了，例如，Samasource和Digital Data Divide在全球范围内为失业人员提供安全的工作环境和合理的工资待遇。Samasource创办人莉拉·亚纳说：“我们公司与其他技术公司不同。我们开发通信工具，通过互联网为世界上最贫困的人群提供以微视社会工作创收的机会。微视社会工作指的是任何可以通过网络和电脑完成的微型任务。用户可以为Google公司将书籍数据化，可以为税务所转录收据，还可以处理领英网上相互矛盾的资料。”

Samasource的运作模式可以在这个全球网络联系日益紧密的时代迅速推广。德勤·摩立特集团和洛克菲勒基金会发布的一项研究报告表明：以金字塔底层人群为对象的外包业务可以为78万贫困人口提供就业机会，而且到2015年，销售额可达200亿美元。

在社会企业向全球推广过程中，一些地区的发展速度格外引人注目。我们估算美国至少有65万活跃的社会企业。英国有6.2万社会企业。关于欧盟社会企业的统计数据相差较远，最小数目是40万，最大数目是230万，在职员工为400万至1 100万。澳大利亚社会企业的数目是2万，这个数字还在持续增长。

尽管印度人民对社会企业这个概念还比较陌生，他们的草根非政府组织数量却达330万，这些组织在各种领域大范围满足社会需求。它们是印度社会的中坚力量。印度有18家致力于投资社会企业的本土基金会，其中包括科斯拉创投基金、Unitus、LGT公益创投基金。

印度的社会企业数量很难统计，世界范围其他国家的社会企业数量也很难统计。我们估算全世界大约有560万社会企业，它们的在职人员约为5 600万。其他的统计人员也可能给出不同的数据，也许更多，也许更少。“要统计一个确切的数字是相当困难的，因为每个人对社会企业有不同的理解。”Aspen企业发展网络行政董事兰德尔·肯普纳说。如果人们对社会企业的定义不同（在某些地区，社会企业须将一定比例的利润用于运营才配得上这个称号），那么注册社会企业的法律类型范围也不同，这些类型包括营利性组织、非营利性组织、有限责任公司、社区发展公司等。

即使在美国，社会企业的明确法律定位也是近来才有的事。自2010年起，一些州开始正式认可福利企业（B Corp）的合法性，许多寻求非营利身份的营利性企业和初创公司选择了这种法律身份。到目前为止，已有650家企业注册为福利企业，它们分布在60多个行业中，创造30亿美元的年度总收益。

由于这种形势持续发展，目前世界范围内有24个国家150多所商学院开设了社会企业课程。社会企业俱乐部是哈佛商学院常年最受欢迎的社团。

时间将会检验这种社会热情在多大程度上可转化为社会影响，但是这一领域的问题解决方式的创新象征着以前那种对待社会顽疾的时代一去不复返了。本书会以大量案例阐释社会企业是怎样一步一步推进解决问题的领域。

量一量方法经济

社会企业：2012年，全球社会企业总计创造21万亿美元收益。近年来，年收益增长率为15.1%。

市场创新者：挖掘金字塔底层的万亿财富

当一个组织的社会目的和赢利目的完全一致，会有什么效果？请参照市场创新者。

不像以赢利为目的的战略性投资那样需要精打细算，社会责任投资的数额通常比较随意。社会企业界著名投资家凯文·琼斯认为这是两个口袋问题的产物，“我有两个口袋，资本和资金装在一个口袋里，一些盈余装在另一个口袋里，我把后一个口袋里的钱回馈给社会”。后面这个赠予的部分是自愿的，它取决于各类基金会的意愿和社会利益。遗憾的是，当社会对公共服务的需求最旺盛时，这类基金的供给量最低迷。琼斯和其他人一直在试图转变两个口袋问题的思维方式，可这是自愿捐赠与生俱来的硬伤。

一些尝试以主营业务推进其社会目标的营利性公司消除了这种不确定性。不像多数多重理性跨国公司从其主营业务突然或渐进式转向市场边缘业务，市场创新者一开始就旨在解决棘手的社会问题，但是将某个方法的赢利能力作为基本准则。

像移动银行M-Pesa这样的刚起步的企业（后面还将详细谈到）为农村地区几百万贫困人口提供银行服务。在美国，有15%的人口尚未被保险覆盖，所以很多药店提供“一分钟诊所”服务，低价为病人治疗小病。智能手机上的健康应用可以让用户通过记录饮食、锻炼和健康指数对他们自己的身体负责。2012年，一共有4 400万人下载了这类应用。

这种有改革能力的公司可被归入市场创新者之列。目前有两种相互影响的潮流正在促进它们的成长。首先，通过把边缘化人群纳入市场，市场范围拓展了。而且，聪明人基金、奥米迪亚网络及其他社会企业的善款给原本被边缘化人群带来了存款和稳定的收入，他们现在买得起那些市场创新者为他们提供的收费服务了。其次，创新经营模式和颠覆性科技的横空出世使公共服务成为一个前景广阔的行业。（后两章会详细介绍这些新型模式和技术。）

一度被边缘化的人群与这场改革的命运休戚相关，他们是40亿处在“金字塔底层”的人。这群人拥有5万亿美元的购买力。联合利华公司在印度农村地区开辟新市场表明其充分认识到该群体的购买力。其他公司迅速跟着模仿。

C·K·普拉哈拉德在《金字塔底层的财富》中写道，如果企业为这群人提供可以赢利的服务，那么它们就打开了一个价值50 000亿美元的市场，这个市场对于买卖双方来说都是福音。譬如，斋浦尔地毯基金会在印度南部雇用了5万多人，生产向世界范围销售的小地毯。该公司的核心理念是融合企业利润和公共价值。它不仅养活了成千上万的工匠，而且为他们提供了稳定的经济和生活。基金会给工匠提供文化和职业培训，并且通过医生上门看病为他们提供医疗服务。它希望加倍努力，实现雇用10万技工的目标。

这种成功事迹固然鼓舞人心，开拓金字塔底层市场努力的结果却喜忧参半。首先，农村地区的物流成本高昂，足以拖垮一个本来利润就低的企业。为最贫困人群提供服务的成本往往更高。其次，在这一市场中赢利所需的高渗透率意味着企业需要在成功之前有一定承受亏损能力。

尽管前景不甚明朗，金字塔底层依然存有希望。包括雀巢和信息终端公司在内的一些大型企业把它们的供应链专业知识与当地风土人情相结合，以获得在广大农村地区关键的产品投入。“私营部门不能解决问题，他们只能以技术、资金、组织纪律和企业家精神对抗这些问题。”普拉哈拉德写道。事实上，德勤·摩立特集团的大量研究表明，民族企业和跨国公司才是金字塔底层改革成功的关键。

1298救护车

沙非·马瑟原本是一位年轻有为的企业家，他和兄弟们在家乡印度喀拉拉邦创办了一家一流的房地产公司。马瑟一直以来都与印度最成功的两位商人共事。直到有一天，他决定放弃有光明前途的事业。因为在目睹了多位亲朋好友的濒死经历之后，他发现印度紧急医疗救护车服务极度匮乏。

2005年，在其他三位企业家的帮助下，马瑟创办了1298救护车（后改名为ZHL医疗有限公司），旨在为有需要的人提供质量一流、财务独立、四通八达的救护车服务。公司在孟买开始运营时仅有少量的救护车和一个24小时的客户服务中心。公司实行浮动性收费标准：富裕客户多缴费，贫困客户少缴费，事故受害者免费。

2007年，聪明人基金向ZHL公司投资150万美元，帮助它购置更多的救护车（2009年，聪明人基金再次向ZHL投资110万美元）。ZHL公司业务迅速拓展到印度其他6个邦。它为病人提供收费服务，把高收入病人转运至私立医院，低收入病人转运至公立医院，前者所得收益用于减免后者的费用。公司现在拥有近1 000辆救护车和2 700位雇员。它与“所有人的救护车基金会”展开合作，为贫困人群提供救护服务。到目前为止，它们的服务已经惠及1 600万人，其中大多数病人日收入低于4美元。最值得称道的是，2008年孟买泰姬和特瑞登特酒店恐怖袭击后，ZHL救护车是第一个赶到现场的救护勤务。ZHL始终坚守“不分收入高低，为一切有需要的人提供优质紧急护理”的信念。

稳定的供应商：去拥抱创新

一批又一批的新参与者和创新经营模式陆续登上了方法经济这艘大船，此时我们很容易忽略那些几十年来默默为公共服务付出的非政府组织。我们把这些非政府组织称为稳定的供应商，它们既包括独立解决社区问题的社会团体，也包括承包政府服务的私营企业。尽管这些稳定的供应商遍布各行各业，我们却很少把它们当作一个整体来看待。

世界范围内的营利和非营利性机构因地而异。美国大部分医院、多数高等院校和社会服务供应商以及1/3的养老院都由非政府组织负责。在澳大利亚和英国，政府把包括罪犯安置、以工代赈在内一切形式的公共服务外包给私营部门，极大地刺激了公民社会的发展。

相对而言，亚洲人民能够享受到的国家和非政府组织服务较少，他们的志愿服务也比较少。例如，在中国，仅有5%的GDP用于医疗保健；而在美国和其他八国集团成员国，这个比例是18%。一些组织努力把成功模式向亚洲扩散，力图缩小这一差距。

孟加拉农村发展委员会（BRAC）就是一个很好的例子。它是1971年孟加拉独立战争的产物，那时大量难民回潮，而政府却踪迹难寻。现在，孟加拉农村发展委员会会员达12万之多。它提供各类公共服务，对抗自然灾害，开展小额信贷业务。委员会完全独立于政府控制，目前已遍布印度次大陆和撒哈拉以南非洲地区。它提供一系列公共服务，包括一个培养了约500万学员的37 000所学校网络，是世界上最大的私立学校系统。该委员会旗下的根治结核病计划已经覆盖了8 000万孟加拉人。

孟加拉农村发展委员会默默地为无数人服务，致力于“采纳一个想法，进行检验、完善，然后不折不扣地以高效的方式向五湖四海扩散”。创始人兼主席法佐 · 哈桑 · 阿比德阁下的口头禅是“小虽美……但大更有必要”。

稳定的供应商或许没有社会企业家和福利企业那么高调抢眼，但其低调的动作后面隐藏着巨大的社会影响力。哪儿有需要，哪儿就有行动，几个世纪以来一直如此。比如基督教青年会始于1884年伦敦的一家社区健康和娱乐中心，现在它扩散到10 000多个社区里，继续履行使命。红十字会创办于1881年，目前仍在世界各地回应各式紧急情况和人道需求。每当出现紧急状况和人道需求，几十万训练有素的志愿者团队迅速奔赴有需要的地方。

根据美国约翰·霍普金斯大学和联合国组织的估算，全世界35个国家的公民社会部门产值相当于每年全球GDP的5%，等于金融和建筑业产值的总和。这个惊人的数目相当于世界第七大经济实体。研究还表明，2005~2009年，公民社会支出13万亿美元，并且其职工总数达4 550万人。近年来，公民社会发展势头很猛。2008年金融危机导致大量毕业生涌入非营利组织和社会企业。2009年，就业于非营利组织的毕业生人数比上一年增长了11%。申请加入“为美国执教”这个为期两年的热门教育项目人数增长了1/3，美国志愿队申请人数在两年内增长了2倍。

另外，私人供应商在行政力量所及之处为人们提供至关重要的基本服务。各级政府与私营公司展开合作，处理垃圾、提供公共交通、改良基础设施。行政合同在这个过程中发挥着非常重要的作用。2000~2009年，34个经济合作与发展组织成员国中，有25个国家的政府外包开支呈增长态势。

目前，政府与稳定供应商之间的合作还存在一系列问题。即便如此，合作关系还是给双方带来了相当可观的益处，其中最大的益处是参与组织得以在合作中交换意见，求同存异。

随着民间组织提供的政府服务在全球范围内展开，这些组织可以在世界公共机构中搜集和传播有效的理念。例如，总部设在英国的信佳集团经营着一系列的服务，包括英国的看守所和监狱服务，澳大利亚的驾照许可服务，阿联酋的空中交通管制服务。《卫报》把信佳称为“你闻所未闻的巨型公司”。

这种全球供应商可以在短时间内把改革从一个法域转移到另一个法域。这种转移模式不同于往常模式之处在于：此前不同法域的政府官员彼此隔绝，互不往来，各自为政。

对于稳定供应商来说，改造既有模式的意愿是走向成功的关键。例如，培生历来是世界最大的教材出版商之一。然而，数字化进程正在扰乱它的教材出版业。为此，培生及时进行了改组，它与“电子院校”和“校园网络”展开合作，以提升数字化能力。培生的目标是让所有教师学会并且在教室里使用最新科技，目前它正在朝着这一目标迈进。

培生公司K–12[①]负责人斯科特·德罗索斯很快承认该公司的演变，他说：“我们认识到苹果电脑、Google搜索和可汗学院网上教程都在教育领域扮演了各不相同却举足轻重的角色。然而，开发教学工具、分享成功教学经验是培生的专长。”

量一量方法经济

非营利性机构：2012 年非营利性机构为全球国内生产总值做出 17 万亿美元的贡献。

公民变革者：社会影响领跑者

公民在方法经济中是最具有颠覆意义的存在，也是方法经济里最大的受益者。他们能够为了一个共同的目的而聚集在一起，在短短的几小时内引发世界对热点社会问题的广泛关注，这种速度和效率是前所未有的。

“看不见的儿童”组织讨伐乌干达游击队首领约瑟夫·科尼（尽管命途多舛）的活动在短短 6 天内吸引了 1 亿点击率。今时今日，公民通过社交网络跨越地域的阻隔展开合作，比历史上任何一个时

① K–12 指美国从幼儿园到十二年级的教育的通称。——编者注

期都多，互联网联通了世界80%的人口，而在2007年，这个比例仅为50%。

得益于技术的进步，人们足不出户即可为公益加油。有意向创办社会企业的公民可以通过“慈善网络”和“群体崛起”等平台筹集资金。他们可以在Sparked网上发布志愿者招聘广告。不出几秒，全世界的人都可以看到广告。（我们会在第二章里详细讲述这些提供平台的技术，并且介绍公民和其他方法经济的主体如何开发利用这些科技。）

2006年，《连线》杂志编辑杰夫·豪提出“众包”概念，它指企业把过去由员工执行的工作任务，以自由、自愿的形式外包给不确定的群体来执行。自此以后，大量公民通过众包模式支持公益事业。

例如，为了实现国家图书馆图书电子化，芬兰开发了一个中心“游戏”平台，吸引普通市民为其提供免费劳动。迄今为止，参与者已经完成了410多万小型项目或者“微视工作”。

非营利组织美国代码邀请技术娴熟的美国公民参与开发网络应用，为市民、邻居以及地方政府提供交流平台，以便他们合作完成公民工作。他们通过各式网络应用组织志愿者参与维护社区治安，修剪、浇灌树木以及其他活动以节省市政基金。

如果没有大量公民志愿者的参与，这些工具毫无意义。美国代码创始人珍妮弗·帕哈卡说，“真正牵动社会的改变，需要公民愿意为公共服务承担一定的责任”。

这种乐于奉献的态度是消费者与变革者之间最大的区别。社会企业家组织阿育王基金创始人比尔·德雷顿致力于把公民部门发展到与商业部门相媲美的水平。阿育王组织遍布世界70多个国家，其对社会企业的贡献恐怕比其他任何一家组织的贡献都大。用德雷顿的话说（他普及了变革者这个术语），变革者“一旦发现社会某个方面亟待变革，便致力于寻找方法，搭建桥梁，朝着目标勇往直前。在别人看见障碍的地方，他们寻求解决方法，并将其推广为新的社会范式”。

帕哈卡和最近这波社会企业家就是这种理念的真实写照。“我们不仅仅是消费者，因为我们除了向政府交税换取公共服务外还有别的事情。我们是公民。在完善公民身份之前我们不可能去完善政府职能。”据约翰·霍普金斯大学和联合国组织估算，35个被调查国家中有20%的工薪阶层为公民部门提供志愿服务。在欧洲一些国家，譬如荷兰，志愿者比例更高。这些志愿者的专业技能决定了未来几年内众包的效率。

越来越多的公司对技能娴熟的志愿者服务的价值予以承认：美国40%的公司制定了带薪志愿服务政策，这意味着员工可以在工作时间做志愿工作。这些公司给优异者提供为社区组织服务的表现机会。从开发非营利组织社会影响评估机制到扩散被证实有效的创新方法，技术娴熟志愿者提供的无偿工作在提高咨询公司（例如德勤）竞争力的同时，也给优秀人才提供了一个令人羡慕的机会，把他们的聪明才干运用到他们所热爱的社会领域中。据德勤估算，2009~2015年，预计美国无偿志愿服务总共创造1.7亿美元的价值。在美国，“10亿加改变”活动中，100多家参赛公司一共提供了价值17亿美元的1 150万小时的无偿服务。活动组织者打算再邀请300家企业加入这场竞赛。现在，我们知道贯彻新社会理念的组织和变革者如何改写问题解决机制规则了。下一章，我们会介绍新技术如何加速造市者队伍成长以及造市者如何迅速推广社会变革。

量一量方法经济

志愿服务：2011年，全球志愿服务创造了13万亿美元的价值。

造市者概览

核心理念

非政府组织（造市者）把前所未有的资源、功能和创意用于解决社会问题。许多参与者着重于采用有望实现最伟大社会变革的方法。

谁是造市者?

- 投资者：用大笔资金换取特定社会收益的个体或组织。
- 召集人：召集大批领军人物应对社会问题的个体或组织，他们追求超越地域和个人能力限制的解决方法。
- 多重理性跨国公司：利用社会影响和股东价值衡量企业效益的公司。
- 创新者：

社会企业：应对边缘化需求的组织，它们把劳动收入再投入到社会使命中。

市场创新者：研发创新市场主导型经营模式的企业。

- 稳定的供应商：以政府的名义提供公共服务的法人组织。
- 变革者：独立或与他人合作为公益做贡献的个人，他们通常拥有颠覆性科学技术。

增长曲线

- 自 20 世纪 90 年代后期至 21 世纪初，慈善组织的资产总额翻了一番。

- 2010 年，200 家受访的美国公司总计捐款 155 亿美元。
- 2012 年，社会责任和环境投资总额占美国资产总额 11%，相比 2010 年增长了 22%。
- 1990 年，只有 70 家企业发布了企业社会责任报告。如今，有 80%的《财富》500 强公司发布企业社会责任报告。

影响

- 发布企业社会责任报告的公司市场总值增长 100 亿美元。
- 致力于为利益相关各界谋福利的企业业绩大大超过标准普尔 500 指数。

惊人的数据

- 全世界处于金字塔底层的 40 亿人拥有 50 000 亿美元的购买力。
- 以金字塔底层为对象的众包（或微视工作）业务能给 78 万贫困人口创造工作机会，截至 2015 年，销售总额将达 200 亿美元。
- 35 个国家的公民社会占年度GDP的 5%，相当于全球第七大经济实体。
- 西方国家私人慈善组织对发展中国家的援助超过了西方政府对这些国家的经济援助。

思考题

你能与哪些造市者合作共创公共价值?

THE SOLUTION REVOLUTION

How Business, Government, and Social Enterprises Are Teaming Up to Solve Society's Toughest Problems

第二章 颠覆性技术

调动海量资源的利器

尽管各种公益广告、社区活动的倡导不断，美国的回收利用率持续低迷，始终不见起色。十多年来，总体固体废弃物回收利用率一直在33%左右徘徊，与丹麦69%的比例相差甚远，许多环保人士设想的“零浪费的未来”更是遥不可及。

然而，一些城市的回收利用率不仅没有原地踏步，反而飙升了。在特拉华州的威尔明顿市，短短几个月内，回收率从2%暴涨到65%。在费城，几个月内，局部地区回收率从令人沮丧的7%一路飙升至90%。

差别到底在哪儿？这些回收利用率狂飙的城市有一个相同点：它们都和再生银行建立了合作关系。再生银行把回收变成了一场游戏：每个家庭可以通过回收利用垃圾赚取积分，这些积分可以用来兑换假期等奖品以及上百家公司的打折券。每家的回收桶上都装有RFID（无线射频感应器），这些感应器通过记录每个家庭回收的垃圾量并相应地计算他们的回收积分。回收量越大，积分值越高。短短几年内，再生银行从一个有趣的创意转变成了一个在全国上百座城市拥有300多万家庭客户的大公司。

再生银行是罗恩 · 高南和帕特里克 · 菲茨杰拉德在 21 世纪初创办的。当时，他们都是二十出头的毕业生，在回收领域毫无经验。他们有的只是对环保事业的一腔热血和精明的商业头脑。他们想干什么？答案是：颠覆整个回收行业。

“当我打量回收业的时候，我发现它的运作效率十分低下，”高南说，“许多城市把上千吨的垃圾运至远方，并且花大价钱填埋这些垃圾，上百亿的开销都由纳税人负担。哪里有不足，哪里就有商机。”

在评估美国回收系统时，他们一致认为不合理的定价是个严重的短板，“美国垃圾处理系统的问题在于它的标价不合理。哪怕邻居丢弃的垃圾量比我们的多得多，我们也缴纳同样的垃圾处理费用。就废弃物而言，每个人丢弃垃圾的费用都要我们平摊。在这种体制下，人们很难对他们使用的东西产生责任心”。

但是，两人很快发现，重新配置垃圾处理收费系统需要克服一系列的障碍，包括政治障碍和物资障碍。他们放弃了惩罚性手段，而是选择了一种激励机制。这是一个典型的“胡萝卜加大棒”的选择，不过再生银行选择了前者。

为了激励市民回收利用废弃物，他们想出了一个主意：在回收桶上装配廉价、万能的RFID。拖车司机在装载垃圾时会称量垃圾、扫描RFID，然后相应地给每个家庭记录分值（此前政府出台了一项“瓶子法案”，以奖励市民回收旧瓶子和罐子，这个主意可以看作信息时代改良版的瓶子法案）。用户可以在网上用积分兑换礼品，类似于飞行里程积分。

这种经营模式非常令人神往，但是它需要用到一个当时市场上没有的产品：内设RFID的塑料回收桶。一些回收桶生产商对这个主意兴趣索然。资金有限、缺乏经验、没有市场的二人经常遭遇这种“想法很好，但无法实现”的尴尬场面。

所幸，不屈不挠的二人终于联络上了凯斯卡德工程公司，这是一个拥有2.5亿美元资产、以环保可持续经营著称的大公司。凯斯卡德首席执行官弗雷德·凯勒立即表示他对再生银行很有兴趣。他们迅速达成口头协议，约定由凯斯卡德公司为再生银行提供内设RFID的塑料回收桶。这对于高南和菲茨杰拉德来说简直是绝处逢生。高南说："没有弗雷德和凯斯卡德，就没有今日的再生银行。"

解决了棘手的回收桶问题后，再生银行的下一个难题是建立一个重要合作伙伴网络。高南和菲茨杰拉德需要说服垃圾处理公司、市政局以及可以为再生银行客户提供奖品的公司支持再生银行的运营。许多公司迅速认识到，与再生银行合作不仅可以吸引有环保意识的客户，还可以展示它们对环保事业的热心。不出数月，再生银行的积分就可以兑换到可口可乐、全食超市、梅西百货等许多大鳄以及当地绿色商品供应商提供的奖品成折扣。随着这个网络的壮大，垃圾运输公司蓝山回收决定与再生银行建立合作关系。

搞定了各种合作伙伴后，奖励方案从空想变成了现实。首席执行官乔纳森·舒说："再生银行生态系统由一系列知名品牌组成，在它们为客户提供各类产品和服务时，关于可持续发展的共同利益事业吸引着其他生产商加入这个组织。再生银行用一种货币把这些合作伙伴紧紧团结在一起。加入的公司越多，这种货币就越强势；反过来，这种货币又会吸引更多的公司加入。"前面提到的拼车服务也是这个道理。

强大的合作伙伴阵容极大地便利了高南向其他城市推广再生银行模式。即便如此，还是有许多市政厅退却了，它们不相信一个如此异类的方法能够成功。2004年，再生银行终于说服了费城市政官员接受它的新模式。第一次试运行再生银行模式时，契斯纳丘1 200户居民收到了内设RFID的塑料回收桶。这个以鹅卵石街道和殖民时代式建筑著称的社区又有了一道独特的风景线。

然而，安装回收桶只是第一步。居民们愿意上网查询积分、兑换奖品吗？不久后，一排排亮蓝色的垃圾桶出现在回收日的大街上。再生银行的网站上兑换礼品的人越来越多，这表明计划有了实质性进展。几个月后，社区的回收利用率增长了两倍，从之前的30%攀升至90%。再生银行模式成功了。

这种成功在另一个中低层阶级社区西橡木巷重演了。在此之前，该社区的回收利用率仅为7%。尽管起步较晚，计划开展数月后，90%的家庭开始定期回收利用垃圾。

这些成功事例激励了其他社区和城市，它们纷纷效仿。一些填埋空间有限的地区（如特拉华州的威尔明顿市）把再生银行当作垃圾填埋困境的一个潜在出路。2006年，威尔明顿市长詹姆斯 · 贝克邀请再生银行进驻该市，帮助缓解垃圾填埋接近容量极限的困境。威尔明顿传媒和政策发展主任约翰 · 拉戈说："继续填埋垃圾的代价十分高昂，而且治标不治本。所以我们决定与再生银行合作。"

早期试行经验表明，引进再生银行后，回收利用率会在短时间内飙升。不久，威尔明顿1/3的垃圾不再运至垃圾填埋场。在垃圾填埋上省出来的开销意味着引进再生银行不会增加财政负担。而且，威尔明顿140多家与再生银行合作的商家生意也拓展了。最重要的是，这些折扣和奖品激励了市民进行回收利用，每年给每个家庭省下了130美元。

其他引进再生银行的城市在节省开支方面也频传捷报。在佛罗里达的好莱坞，一年之内由于回收利用率上涨，节省了50万美元垃圾处理费用，创造了25万美元回收效益。

不出10年，再生银行业务拓展到美国和英国300多个社区。它与许多垃圾处理公司建立了合作关系。其中最引人注目的合作伙伴是废物管理公司，它为200多万家庭提供垃圾处理服务。紧接着，投资家们蜂拥而至，他们多来自大型风险投资公司，包括阿尔 · 戈尔的世代投资管理公司和克莱恩娜 · 帕尔金斯风险投资公司。

再生银行选择了一个现有技术并且用其创造了一个新的模式。这个模式成本适中，能够说服大量人群改变行为，选择有益于社会的生活方式。再生银行把一个从前被遮蔽的世界重新展示给大家，从最纯粹的意义上唤醒了人们的环保意识。听起来很像 20 世纪 70 年代的做派，对吗？不过它的效果非常显著：无须霸道的强制执行就回收利用了大量垃圾。

被技术唤醒的环保意识又引起了其他的转变。过去，人们的出行方式对环境的影响是看不见的。你可以选择步行、骑自行车或者开车，你的选择或多或少会对环境产生影响，但是这些影响是看不见的，也没有人来计量这些影响，或者这种影响根本没有办法计量。为解决此类问题，大多数经济学家会引导人们衡量利弊后再做决定。比如，他们会建议通过改变成本结构来促使人们选择公共交通工具。伦敦市实施了一个价格方案，对路面行驶的私家车进行收费，迫使人们转向公共交通。现在，英国路面行驶车辆每天减少 4 000 辆。

然而，这种方案在政治上很难通过，而且需要大量技术和公共交通投入。如果采取再生银行的思路，我们就会知道，要解决此类问题，除了利用技术改变价格以外，还可以让人们明白他们行为的影响。再生银行就是这么做的，它超越了垃圾回收层面，利用成功模式背后的真正创新。它与伦敦交通局展开合作，鼓励市民选择私家车和公家车以外的交通方案。为了实现这个目标，再生银行开发了一个有定位功能的应用，它可以记录用户步行或骑行的里程、在此过程中燃烧的热量、降低的排放量。用户可以轻松地把这些数据分享到脸谱网和推特（Twitter）等社交网站上，向所有人展示他高尚、环保的选择。无论你把它当作一种炫耀还是诱惑，它都改善了人们的生活方式。

“互联网+”时代来临

几年前，人们会觉得单凭一个回收桶就能改变上百个社区的生活习惯的想法有些不现实。试想，向一个从未听说过脸谱网和亚马逊的人解释感应器、社交网络及网上折扣和奖品市场能够引导人们纷纷转向环境友好型的选择是件多么困难的事。在线交易和RFID都不是再生银行发明的。它也不是第一个使用积分奖励和社交网络的公司。但是它首创了一种模式：以每一个创新来壮大自己的实力，持续颠覆所在的市场。

得益于日新月异的科技进步，创新者以一种空前的低价把新方法运用于各类繁杂的问题中。智能手机、社交网络、云端技术、数据分析对方法经济的作用可谓一石激起千层浪。这些强大的工具，尤其是以创新方式结合起来时，造就了一系列新型经营模式。从追捕逃犯，到分享生死攸关的健康信息，再到穿行街道，都隐藏着巨大的商机。

一些经济学家把这种现象称为“积极供给震荡”：技术进步导致服务和产品价格降低，从而刺激生产和消费。产品和服务的供应商越来越多，消费者也越来越多，市场范围也拓展了。

最近的供给震荡完全颠覆了整个产业。以前，股票交易都由专业人才操作，他们在一个人声鼎沸的交易大厅里忙得团团转。一天，网上交易从天而降，人们纷纷转战网上市场，吵吵嚷嚷的交易大厅终于安静下来了。突然之间，只要有网络连接和经纪账户，任何人都可以炒股了，因此股票交易量暴涨。1992 年，查尔斯 · 施瓦布（嘉信理财董事长）为客户引进了网上交易服务；2002 年，嘉信理财 80%的业务都在网上进行。交易成本降低了，关于股票和上市公司的消息来源更广泛了，大批新手涌入股票交易市场。事实上， 2000~2008 年，纽约证券交易所交易额增长了两倍。

技术引起金融界震荡或许不足为奇，但要是它也颠覆了古董和藏品交易呢？过去，要找到一件稀有的古董或是打折的瓷器，人们不得不在各类古董商店、庭院旧货、教堂义卖里四处找寻。而且卖家给出的价格经常很随意而且很难预测。购物网eBay完全改变了这种局面。只要轻轻一点鼠标，谁都可以在网上售卖棒球卡或者旧花瓶，而且卖家还可以通过对比相似商品来确定一个较为公道的价格。现在，每天有上百万人在eBay上进行交易。长期蛰伏eBay的用户会发现，一些藏品的价格会上涨，另一些会下降，在大量进入者的冲击下，整个市场变得更有效率了。

技术颠覆了金融业和古董业，更多的人可以进入这些市场了。2011年，网上搜索的人数是上一年的4倍；预计2010~2014年，手机支付交易量会增长3倍；网上交易队伍会再创历史新高。

提供和使用新型网上服务的边际成本降低了，这对于方法经济意义深远。成本和高技术等准入标准类的障碍被扫清了。从此，小企业甚至是个体户也能运用那些从前专属于政府和大型企业的资源了。

另外，方法经济里设计服务的人也能从中获益。例如，一个人为了改善他所在社区的基础设施，发明了类似于“FixMyStreet”的手机应用，人们可以通过这个应用报告地面凹陷和街灯毁坏等情况，那么，作为普通市民，他也能受益。通过拼车网站与其他乘客拼车，既能减少路面拥堵，也能节省燃油开支。

源自民间的供给震荡也给政府带来了相当可观的收益。而现在，政府只需从前任项目中划拨出一小部分资金，就可以为更多的人提供公共服务。FixMyStreet和SeeClickFix这类应用的妙处在于：市民的服务请求会展示在地图上，其他的市民可以看到并且支持这个请求，这样就不用浪费时间重复请求了。并且，本来政府需要耗费大量人力和物力发现这些问题，现在这笔开支可以节省下来。然而，在给政府带来好处的同时，它也提高了人们对政府的期望：回应这些请求必须及时。人们对政府期望提高的同时也带来了政府工作透明度的提高；从市民点击“发送”的那一刻起，他们就开始计算期限了。如果政府和市民能够携手改善公共服务，那么无须耗费巨资，这种轻量级方法就能取代从工业时代延续至今的方法。只要企业家把对应的技术恰当地与可行的经营模式（第三章会深入介绍）结合起来就能产生这种市场变革，释放社会解决自身问题的无限潜能。

移动浪潮：智能手机引发的革命

如果你手头上有一个智能手机而且信号刚好很强，那么只要轻点一下屏幕，你就可以获得整个世界的信息了。当然，移动技术革命的影响不只在于它联通了多少资源，真正具有颠覆意义的是人们使用移动技术的方式。移动技术革命给技术公司、企业家、政府等各类组织带来了机遇。这些组织里的创新者都善于利用消费者技术达到各类目的，包括简化转账业务和交通业务。

在非洲，移动技术发挥了最强功效。非洲是世界上第二大手机市场，截至2011年，非洲手机用户达6.49亿。这个数字非常引人注目，但更加令人惊叹的是非洲人民利用手机打理日常生活的创举。在肯尼亚和乌干达等国家，手机的出现缓解了从银行到种植指南再到临时医疗保险等各种必要服务供不应求的状况。

不久之前，非洲农村地区人民存钱的办法是藏匿，或者长途跋涉至大城市。肯尼亚电信运营商狩猎通信公司旗下的移动银行M-Pesa彻底改变了这种落后的存款方式。现在，人们可以使用手机上的M-Pesa，轻松完成存款、汇款和取款业务。一时之间，购买商品、支付账单、转账和汇款变得格外简单了。如今，70%的肯尼亚家庭都是M-Pesa用户。牧民伊曼纽尔·赛让卡说：“它给我们的生活提供了便利。有了移动银行，我们再也不用跑很远给亲戚朋友送钱了。”

其实移动支付的好处不只在于省去奔波之苦。乔治城大学的威廉·杰克和麻省理工斯隆商学院的塔福尼特·苏瑞表示，移动支付可以大大降低风险和预防不测。由于储蓄和转账便捷，移动支付可以用于拓展保险覆盖面和促进卫生事业发展。一家医疗保险公司为孕妇提供预付储蓄账户，她们可以随时通过M-Pesa进行存款。先正达可持续农业基金会旗下的一项植保业务"萨拉马农业"允许客户通过M-Pesa支付保险费和收取分红。现在，通过M-Pesa提供服务的供应商越来越多了。

当然，手机也可以用来发送文字和数字。印度和非洲农村地区饱受旱情和疾病之苦的人们可以通过短信分享各类有关种植和医疗的重大消息。

手机的功能虽然比电脑的丰富多样，但是尚有许多贫困人口用不上手机。为此，格莱珉基金会向乌干达郊区农民出租智能手机，以填补这个数字鸿沟。基金会通过移动银行给"社区知识工作者"发放工资。这些知识工作者向他们的社区分享天气预报、作物价格、疾病诊断等消息。他们也搜集并且向农业部门和粮食计划署转告种植消息。迄今为止，格莱珉已经在乌干达32条街道培训了500位知识工作者，造福于10万当地居民。

可以毫不夸张地说，移动设备对非洲人民的影响比几十年的外国援助影响还要大。狩猎通信公司前首席执行官迈克尔·约瑟夫说："外国援助只能给他们带来一时的改变；外国援助被取消时，人们的生活又恢复原状了。肯尼亚人民非常勤劳。手机正好给他们提供了发扬美德的平台，因为他们可以通过它找到工作。"

手机用户还可以担任临时记者。乔治·克鲁尼也有份赞助的卫星哨兵项目，希望借助视频新闻记者的力量帮助人们认清苏丹的冲突形势。这个监督机构招募公众监视和举报侵犯人权的行为，旨在加强人们的责任感。它的口号说明了一切："因为你关注，所以世界关注。"它的宗旨也很简单："给有困难的人提供一个自助的机会。"你只需借他们一场东风，比如给他们一部智能手机，以及施展抱负的舞台。

自然，手机引发的革命不只发生在非洲。新加坡的学校开展了一项叫作"手机学习"的计划，它通过移动设备引导学生进行实地考察。学生穿行湿地保护区和国家公园，整个考察过程中通过手机扫描条形码上传详细地理方位。在某些检查点，老师可以进行地理和科学考试，考察学生的学习情况，并且查明他们的知识漏洞。这个计划的目标是全方位学习：在任何时间任何地点展开学习。

大洋彼岸的旧金山市民利用手机技术解决空气污染和交通拥堵等严重问题。旧金山公共交通"下一辆巴士"为乘客提供即时公交到站信息。现在，人们可以在咖啡厅里多逗留几分钟，再也不用在雨中等一辆晚点的公交车了。世界各地许多公交系统也提供类似的追踪服务，包括中国的高铁和维尔京群岛的渡轮。

当然，私家车是世界上最常见的交通工具。每天大约有 10 亿人开车上下班。移动技术在造福私家车司机方面也颇有建树。以寻找停车位为例，人们经常为停车而抓狂。为了找到一个合适的停车位，司机们经常突然转向、调头和并排停车，30%的市中心堵车就是这样造成的。加州大学洛杉矶分校一位研究员发现，洛杉矶 15 条街的司机们为了停车每年走了 95 万英里冤枉路。每位美国人每天因为停车会浪费 3.5~14 分钟，每年则浪费 85 小时。按照目前的情况来看，美国 2.1 亿持证司机每年会因为停车浪费 178 亿小时。

为了减少交通拥堵和空气污染，旧金山交通局开发了一个提供实时停车位使用情况的手机应用。7 000 多个路旁停车位和 12 250 个交通局管理的车库里都安装了传感器；用户可通过苹果手机、安卓手机和"旧金山停车"连接到这些传感器，了解哪条街道有空停车位。这样，司机们就不用到处找停车位了。这个应用的唯一不足之处在于它不能帮到那些没有智能手机的人。"旧金山停车"的另一个亮点是根据特定地区的停车位使用情况设定停车费：提高拥挤地区的停车费用，降低其他地区的停车费用。我们估算，如果美国所有城市都采用"旧金山停车"模式，那么因此节省下来的时间可以创造 3 910 亿美元的经济效益。因为"旧金山停车"上的数据是公开的，所以市场上出现了许多第三方应用，它们巧妙地把这个技术应用到其他领域。在"旧金山停车"之后，旧金山交通局又开展了另一项便民服务——"手机支付"，市民可以通过这个应用在智能手机上支付停车费，没有智能手机的用户也可以通过短信支付。

移动技术产生的最深刻的影响也许是健康监控，它彻底变革了医疗卫生服务。自从有了各类健康应用、轻便医疗设备、线上交流和健康分析，普通市民也可以自行调理身体，这会让 10 年前的运动员羡慕不已。据推测，医疗保险供应商可以在 2014 年之前通过广泛普及的移动技术节省 58 亿美元。另一项研究表明：健康计划上的投入每增加 1 美元，医疗成本将降低 3.27 美元，旷工成本降低 2.73 美元。市场很快响应了这个报告，保守估计，截至 2014 年，移动医疗服务总额将达 46 亿美元。

现在任何一个手机用户都可以通过移动技术表达他的诉求、分享他的方法，移动技术的影响力远远超过了当年最有远见的工程师的设想。

社交网络：为协同加油

社交网络的触角已经延伸到世界最偏远的角落，到目前为止，它覆盖了全世界 80%的人口。社交网络的发展进度在发展中国家尤为突出，拉美、中东以及非洲人民把 1/4 的上网时间奉献给了社交网络。对于方法经济里的各大玩家来说，社交网络是个可遇不可求的利器。

比起开会来，发微博也许过于小儿科，但是有时一些微博可以通过传递公众意识达到开会的同等效果。美国人民为《禁止网络盗版法案》展开热议时，社交网络发挥了至关重要的作用。在公开辩论阶段，推特上出现了 390 万条与之相关的微博。最后因民众强烈反对，这项立法未被通过，可以说推特功不可没。

社交网络每天都在催生变革者。印度一家社交网站 Avaaz.org 在短短 36 小时之内集齐了 50 万人签署请愿书，要求政府严惩腐败分子。不出一周，印度政府就正式回应了市民的诉求，同意出台一项由人民而不是政客起草的反腐法案。社交网络就是这样帮助组织和集结民众力量，并且带来实实在在的成果。

Avaaz.org 网站创始人杰里米 · 海曼斯自称为“社会运动企业家”。他的主要工作是发动民众解决社会问题。海曼斯现在经营着一家总部设在纽约的网站“Purpose”，为各型各类造市组织提供有关发起活动的建议。当有人指责海曼斯是光说不练的“懒汉行动主义者”时，他指出 Purpose 活动实际上说服了很多人为公益多出一份力。另外，像其他的社交媒体一样，社会活动也可以迅速传播。例如，2012 年，当伊拉克同性恋活动家面临生命威胁时，Purpose 网站发起的一个活动在 24 小时之内筹到了资金，将他们安全转移。海曼斯说，这种效率是大多数慈善组织所达不到的。

随着用户数字不断攀升，社交网络的新花样也层出不穷。例如，在弗吉尼亚，美国中央情报局的开放资源中心梳理了海量来自巴基斯坦、埃及和中国的微博，脸谱网消息以及聊天记录。这些分析师被其他机构称为“带有敌意的图书管理员”，他们获取大量社交媒体信息以了解国外的社会动向。他们相互引用充满怒气的微博、报纸和博客文章，展示特定时间内民众的情绪。这就是所谓的“情绪追踪”。情绪分析在初创阶段就已经成为国防部门和情报部门的核心业务，它作为传统调查的补充材料，有时还能替代传统调查。

政府部门和非营利组织也越来越善于利用社交网络来调动群众的积极性了。2012 年 3 月，美国国务院和美国驻布拉格大使馆联合赞助了一个名为“追踪挑战”的社交媒体大赛。来自世界各地的公民自由组队参赛，在网上追捕 5 个分散在美国和欧洲各国的虚拟珠宝大盗。

大赛当天，“追踪挑战”网站上贴出了珠宝大盗的存档照片，参赛团队 24 小时在网上发微博、追踪和拍摄他们所在城市的强盗。来自麻省理工的团队“大众扫描”通过在脸谱网和推特上的连锁追踪获取逃犯的信息，在成功追踪到三个分散在纽约、波拉迪斯拉瓦和华盛顿特区的逃犯之后获得了 3 000 美元奖金。活动策划人约书亚 · 德 · 拉腊说：“这个活动展示了社交网络的国际延伸范围以及它在国际合作中的潜能。一个由美国人、英国人、阿联酋人组成的队伍，在只有一张照片的情况下，8 个小时内就锁定了逃犯在斯洛伐克的具体位置。”追踪挑战活动展示了协同能力，也给执法机关追踪恐怖分子和寻找失踪人口提供了新思路。

其实在美国国内，市民也能通过社交网络直接与公司领导和政府首脑互动。在此之前，拜见这些大人物需经过一系列繁杂的手续。现在，各方意见都能够直接呈现出来，政府也能迅速做出政策和服务调整，一个高效的问责机制也随之而来。

大数据大显身手：从空穴来风到铁证如山

2010 年 10 月，芝加哥警方新成立的预测分析组对 911 报警电话展开分析。分析报告预测到南区的一个街道可能会发生一起枪击案。几分钟后，分析组负责人布雷特 · 戈尔茨坦的手机上传来一则有关谋杀案的简讯。

布雷特说："我认得那个地址。我看着它，有点不敢相信自己的眼睛。难道是我给犯罪分子设定了目标吗？"他核对了时间，发现预测结果在谋杀案发生的三分钟前就已经出来了。

"这简直太让人吃惊了，"他说，"不看时间戳印，我都不敢相信。"

每个城市都有海量的报警电话数据，但是很少有警方对此展开分析。尽管此类数据浩如烟海，可是搜集这些数据的组织很少能从中总结出规律。

不过一些公司和政府部门已经开始行动了，比如芝加哥政府，他们在尝试新的数据分析方法，希望把超载的信息变成提高效率的机会。克莱 · 舍基说："没有超载的信息，只有失败的过滤。"

方法经济里的数据分析神通广大。由于政府部门拥有海量信息却不知道如何利用，许多市场主体希望借此机会打开这片宝藏。数据作为商品的用处远远超过搜集者的初衷（我们在第四章里还会继续讨论），它本身就是一种货币。对于很多组织而言，通过数据分析查明问题来源并且预测问题的结果已经改写了游戏规则。对于执法部门而言更是如此。数据运用得当不仅能够省钱，还可以救命。

过去，警方的行动一直是被动式的：发现犯罪、阻止犯罪、惩罚犯罪。但是了解数据分析的强大功能之后，他们可以防"犯"于未然了。

2010年，华盛顿特区，一个歹徒在下班时间持枪射击军事建筑。他的目标似乎很不明确：海军招募站—军事博物馆—五角大楼。心理学家、数据挖掘专家科林 · 麦丘分析了歹徒选择的目标区域，试图从该地区的社会经济学人口统计情况、植被覆盖率和高速公路入口等资料中破解出歹徒作案的模式。在美国国土安全部的帮助下，借助于强大的技术力量，她画出了一个潜在目标示意图，上面标明了歹徒下两个可能出现的地点。结果警方在第二个地点捕获了歹徒。

数据分析不仅能够用于破案，还能震慑犯罪分子。商店里的商品陈列会影响顾客的购物习惯，同理，警方的数据分析也会改变犯罪分子的犯罪习惯。麦丘是警方预测分析领域的专家，她告诉《大众科学》："怎样改变一个人在商场里的穿行习惯？怎样陈列商品？我们做的事情与之类似。不过我们问的是：'坏人怎样在社区里穿行？我们怎样布置警力才能创造出一个不利于犯罪的环境？'"

她第一次运用这个理论是在 2003 年。弗吉尼亚的里士满每年新年前夕都会响起一连串的枪声。人们朝空中开枪庆祝新年，天上届时将下起子弹雨。这次，里士满警方没有等到 911 报警电话后再奔赴枪击现场，而是试图预防所有的枪击。他们利用上一年的数据在事故多发地区安排了巡逻并且大举没收枪支。

麦丘说："那天晚上我简直如坐针毡，万一有什么差池，我就得吃不了兜着走，因为是我鼓动他们撤掉 50 名警员的。"里士满以减半的枪击案和增长 245% 的枪支没收率迎接了新的一年。他们还因撤了 50 名警员而节省了 15 000 美元的财政开支。

警方在预测分析时遇到的两大难题在其他分析领域也普遍存在：怎样从杂乱而且不稳定的数据里分析出有用的结果？怎样让外行人理解这种结果？麦丘解释道："我们得来的数据经常错漏百出（因为受害者处于惊吓状态，目击证人往往不明就里，犯罪嫌疑人也会说谎）；而且在我们需要的时候，又往往拿不到这些数据。"

数据透视技术及时出现了。20 世纪 90 年代，纽约市警察局发现，通过一个"警务责任系统"把复杂的数据放在地图上可以提高警察打击犯罪的效率。地图只是一个简单的数据透视方式，成功的方法是放之四海而皆准的。圣克鲁斯市警察通过数据透视技术掌握犯罪分子在犯罪发生后可能出现的场合；犯罪分子可能在第一次犯罪后短时间内再次作案。麦丘说："如果终端用户不懂或者不能合理利用分析结果，那么这些技术就没有意义。”

除了打击犯罪外，大数据还能在其他领域大展拳脚。推特数据已经成为追踪疾病暴发的重要资料。我们可以利用先进的分析技术在问题复杂化之前就将其解决，从确定哮喘引发原因到找到肥胖问题的根源都是如此。或者，我们可以移步到教育领域，看看数据分析有什么神奇的功效。数据分析已经颠覆了传统的教学模式，当然，用的不是“班级小丑”的方法。

产生这种积极效果，一般是因为利用了数据分析和先进技术为学生量身打造学习计划提高了教学质量。过去，学校一直是无所不在的教学圣地。然而，近年来，民办教育机构改写了这种格局，它们不仅弥补了传统学校的不足，而且同传统教育展开竞争。例如，GMAT（研究生管理专业入学考试）辅导机构Knewton在学生的学习过程中对他们进行测试，并且根据他们的掌握情况调整学习进度。他们利用测试结果决定学生什么时候学习下一课和检查学生对已经学过的概念的掌握情况。传统补习班的弊病在于它总是以中等生为标准设定学习进度，这样既耽误学习进度快的学生，又难为学习进度慢的学生。现在，传统的补习班时代已经一去不复返了。

有人把没有数据分析的网上教学比作没有轮子的汽车。像Knewton这种以新型教学方式著称的培训班也出产用以跟进学习进度的分析工具，这样，老师就可以掌握某个或全班同学的学习进度并且因材施教了。

这些培训班的适应性结构有助于根据每个学生的具体情况为他们打造学习计划，以便学生充分理解课程内容。成千上万的教师把这种教学模式与课堂教学结合起来，称为“翻转课堂”：学生在家自主学习介绍重要概念的课程。他们在网上观看教学视频，然后在课堂上重新巩固这些知识。

这些教学方法还有发展的空间，但是最后它们一定能够提高教育投入产出比，提高学生和教师的学习与工作效率。

在这个信息泛滥的年代，善于利用数据分析的人将受益匪浅。否则，数据只是一堆乱码，一个打不开的密码箱。只有通过分析过滤，才能有效地利用这些数据。

云计算：改写传统规模

科学家喜欢说自己站在巨人的肩膀上。他们承认自己的科学研究是建立在无数前人研究的基础之上的。当他们为解决同一个社会问题而展开协作时，要是有种技术能够无限放大这种协同效应呢？

科学的发现需要耗费大量的思考和研究。比如，为了确定一种名为BRD4的蛋白质与中线癌的关系，科学家们在实验室里进行了长达数年艰苦卓绝的研究。而要把这种发现应用于疾病治疗中，又会耗费一代人的努力。

帮助世界各地科学家快速分享他们的实验发现能够加速这种进程。人类基因计划证明这个方法是行之有效的，他们利用世界各地公共和私人研究机构的协同努力实现了人类基因的排序。迈克尔·尼尔森在《华尔街日报》中写道："如果你在新闻上看到某一种基因与特定的疾病有关，这多半是人类基因计划开放数据政策的功劳。"

云计算可以实现这种协同合作。云计算是远程硬盘、存储数据的软件以及其他计算机设备的总和。任何组织都可以利用云计算来增加它们的计算容量，无须配备其他设施、人员或软件。任何人都可以在短时间内利用云计算升级一个操作或者加大计算容量，不像现场数据存储需要用户预付费用。

云计算可以用来解密基因、癌症以及治疗之间的关系。排列成千上万病人的基因顺序以及它们的数据要花费一个人上百年的时间，但是如果各个实验室可以在云端上分享研究结果，它们就可以迅速建立起一个庞大的数据库。对基因的统计分析可以破解许多它们之间重要的牵连关系。

以癌症研究为例。杰伊·布拉德纳说："这场革命才刚刚开始，我们知道大概有 4 万种独特的基因突变会影响 1 万多种基因，而且这些基因中有 500 种是癌症的罪魁祸首。"

布拉德纳是一位医学博士，他目前就职于哈佛大学赞助的一家小型癌症研究机构。他已经利用云计算在癌症治疗中取得突破性进展。他所在的实验室在发明了一种治疗特定癌症的微量元素后即与"我们学术界都有机会进入的协作网络"协商。他们与 70 多家实验室分享了这种微量元素，因此许多方向都实现了 10 年才有的进展。布拉德纳的实验室在小白鼠身上实验微量元素，希望找到治疗白血病、骨髓癌和肝功紊乱的方法。

研究发现的进展速度飙升了。通过云计算，开放数据为科学家提供了一个国际沙盒，为几百名科学家把复杂问题分解开来实现各个击破提供了机会。这种协作与一些顶尖研究机构的宗旨不符：它们的科学家在公开发表突破性研究结果之前对研究发现严格保密以确保他们对这些发现的专属权。现在，快捷、协同的云端研究模式已经彻底颠覆了这种传统模式。

云计算从三个方面牵动方法经济。首先，如癌症研究案例所示，有了云计算，世界各地的人可以同时使用一个庞大的数据库。政府掌握的数据比其他组织都要多，它可以从这种集体协作中获益良多。

其次，云计算横空出世导致计算能力价格跳水，现在以低于以前价格数倍的代价就能快速发布新的倡议和资源了。高端服务器以前要价 1 300 美元，现在亚马逊网站上只卖每小时 0.02 美元。随着成本的不断下降，以前成本高昂的经营模式现在也“飞入寻常百姓家”了。因此，变革加速了，大量新成员进入公共服务市场。

再者，云计算导致IT系统成本骤降，政府可以减少在IT基础设施上的财政开支并且腾出更多资源直接为市民服务。不过，需要当心的是：保护云端数据安全的责任很不明晰。因此，在网上购物的人要小心了，尤其是这些数据库里包含的个人信息或者隐私信息安全没有保障时。

在发展中国家，云计算让小型组织有机会接触到世界顶尖技术，这将导致公共服务领域的深刻变革。有互联网利器在手的社会企业家再也不会局限于落后的环境了，因为他可以接触到世界最先进技术以及最新消息。Google账号和它的组件：文档、表格、简报都是免费的。Weebly和SlideRocket等网站应用也是免费的，而且在这些网站上制作简报也是免费的。例如，埃塞俄比亚的教师们利用微软“云存储”服务制作和下载课程表、记录教学事件并且在教育系统内安全传递学生信息。

在撒哈拉以南非洲地区，许多赤贫社区利用移动设备获取重要信息和服务。Praekelt基金会利用亚马逊云计算以低成本升级他们为艾滋病病毒携带者和艾滋病患者提供的手机平台。基金会的Young Africa Live门户网站不停更新关于艾滋病病毒以及艾滋病的故事、即时聊天和基本信息，包括医疗成功案例和相关组织资助患者用户的合同。每个月有3 000万非洲南部人口登录YAL网站，浏览那些关系到生死的信息；这全是云计算的功劳。

2011年，Praekelt基金会把他们的服务阵地转移到亚马逊云端，这是一个自然而然的决定。基金会首席工程师西蒙·德·哈恩说：“非洲的宽带价格不菲，这使得许多地区都买不起虚拟主机。对于我们而言，使用（亚马逊云端）的好处在于我们可以根据用户需求扩大规模。”此外，虽然受众在非洲，基金会的总部却设在网络连通性更强的爱尔兰，这可以看作远程计算机服务的另一个好处。

当然，不是只有第三世界国家才懂得驾驭云计算。日新月异的技术进步消除了世界各地的社会企业家准入障碍，他们得以走出地下工作室，走向更广阔的市场。

只要发挥一点点创意，云计算就可以加速变革，减少公共服务和降低解决社会问题的IT成本。

融合：集结技术力量，攻克社会顽疾

美味是发挥创意的结果：食材相互作用，化平凡为神奇。锻造伟大的变革也需要类似的资源整合工作。当各路解题达人利用先进技术迎接严峻的社会挑战时，每一方都根据其他各方的情况来调整自己的状态。接下来就是见证奇迹的时刻了。

例如，通过社交网络可以招募志愿者并且获得他们带来的数据。把云计算与网上社区结合起来，你可以“众包”，挖掘海量数据里隐藏的秘密，跨地域和学科分享数据。举一个成功利用融合方法的例子：一家私营基因测试公司本来只是帮助客户分析他们的基因里包含的疾病风险，但是有了大数据和社交网络、云计算等先进技术的组合后，他们发明了一种颠覆医药科学的经营模式。

Google公司共同创始人谢尔盖 · 布林及其妻子——23andMe公司创始人安妮 · 沃西基，使用融合方法加速了科学发现（尤其是寻找帕金森病的治疗方法）的进度。布林夫妇与其他基金组织展开合作，借助一系列先进技术，邀请病人加入研究项目，以传统研究成本几分之一的代价解开了帕金森的基因成因之谜。

故事始于2008年，安妮的私营基因检测公司在对布林进行贝塔测试时首次发现他体内有一种基因变异会导致他有50%的机会患帕金森病。布林夫妇没有被病情吓到，而是试图解决当下医学研究领域一个至关重要的问题：病人们该怎么做才能让病情好转并配合研究机构了解他们的病情？

医学研究项目资金一般都来自财政拨款，而且主持研究的都是大型研究机构。对于那些希望对特定研究领域（比如与“帕金森病”相关的基因LRRK2）有所贡献的个人，他们能做的很少。要么选择加入困难重重的政府研究项目，要么捐款设立研究基金，他们只能暗自祈祷这些钱不会白费。

如今，23andMe公司和它的颠覆性技术组合已经改变了这种格局。2009年，布林为23andMe公司发起的“帕金森病遗传学倡议”提供资金，福克斯基金、帕金森学会、临床中心以及其他组织都加入了倡议活动。活动主持方邀请帕金森患者捐献DNA并且在网上填写有关他们健康状况和生活方式的调查问卷。作为回报，志愿者可以免费获得23andMe公司提供的基因服务，包括供患者咨询、交流、分享成功治疗经验的网上社区。志愿者既是研究的贡献者，也是研究成果的受益者。

活动策划人通过帕金森会议和社交网络来传播消息。他们的目标是测试1万名帕金森患者。2013年1月，活动已经接近目标了——它是目前世界上最大的帕金森基因研究社区。在互联网利器的帮助下，他们的基因研究计划成功招募到大量志愿者，其成本之低、效率之高是前所未有的。

计划是这样运作的：病人提供几百美元的费用以及一试管唾液，23andMe公司在病人的DNA中寻找基因变体，预测他们的症状（比如他们的耳垢是干性的还是湿性的）以及他们的家族病史和患有其他病症的可能性。志愿者可以通过公司网站获取自己的基因信息（或者基因型）以及有助于缓解病情的研究结果。自从帕金森倡议发起后，病人也可以参加23andMe公司的其他研究项目。

志愿者的基因数据和个人信息会被上传到一个云端数据库里。23andMe公司和其他合作组织的研究员可以在其他诸如环境因素、疾病级数、家族史等数据中挖掘病人的DNA分析。公司研究总监埃米丽·德拉贝特说："我们知道基因种类繁多，但重点是通过对比几千人的基因数据，也许就能发现那些可能引发帕金森症的基因。"

有了互联网技术之后，招募志愿者更容易了，研究成本也降低了。为了获取更多的数据，23andMe公司兼并了"共同治愈"（一个慢性病患者社交网站）。病友们在共同治愈网站上分享关于500多种医疗状况的定量信息并且交流他们的治疗经验。和23andMe其他研究项目一样，病友们共享的资料会上传到云端数据库，他们的经验能够推进医学研究的进度。

最近，布林说服了福克斯基金在2012年年底之前再筹款5 000万美元；他自己也承诺进行匹配捐助。这些善款中的一半会投到"曼哈顿计划"中，用以研发对抗LRRK2的药物。

届时，分别研究基因间相互影响和查明疾病的基因成因将变得和Google搜索一样容易（在传统研究中，这个过程异常艰难，会耗费大量时间，成本十分高昂）。目前，已有研究员利用之前搜集到的数据发现了两种与帕金森病有关的基因。布林和其他合作医药生产商蓄势待发，随时准备根据新的研究结果采取行动。

从利用社交网络寻找志愿者，到把病人数据众包到云端，再到其他组织与医药生产商合作利用23andMe公司搜集的数据，融合方法是布林和沃西基的制胜法宝。下一章，我们会详细探讨充分利用本章谈到的技术的新型经营模式。

颠覆性技术概览

核心理念

借助颠覆性技术，可以调动海量资源，回应严峻的挑战。技术的改良和融合催生了新型服务方式，我们很快就会看到解决问题的速度大幅提升和成本大幅下降。

颠覆性技术

- 手机：上百万人利用移动设备获取创新、娱乐以及医疗信息。移动技术会给发展中国家带来一场医疗和教育革命。
- 社交网络：各色网络社区广泛动员群众，扩散群众集资和众包方法，在人们无意识的情况下解决社会疑难杂症（譬如中央情报局的“情绪追踪”）。
- 数据分析：全世界都在利用数据分析解决社会疑难问题。随着云端存储容量的扩大以及数据来源渠道的拓展，数据库的规模和价值都将提升。
- 云计算：远程计算机技术使得各类组织围绕数据集而展开合作，降低了解决计算机密集型问题的成本。云计算通过简化跨地域和跨学科协作并降低其成本填平了数字鸿沟。

惊人数据

- 以前要价 1 300 美元的高端服务器在亚马逊上只售 0.02 美元 1 小时。
- 印度 Avazz.org 网站在 36 小时内发动 50 万人签署了惩治腐败问题请愿书。

- 智能手机销量是电脑销量的 4 倍。乌干达地区的手机数量比电灯泡还多。

利用颠覆性技术

- 再生银行利用前沿技术组合把垃圾回收变成一种游戏，有些地区回收利用率增长了 6 倍。
- 几百万肯尼亚人民通过狩猎通信公司的 M-Pesa 服务存款、汇款和取款。
- 23andMe 公司利用社交网络为帕金森症疾病遗传研究活动招募志愿者。它已为 9 000 位病人测试，并将临床数据上传到云端数据库中，与合作研究机构共同分析这类数据。
- 可汗学院的远程教育软件利用强大的分析引擎为学生量身打造学习计划。

思考题

哪些现存技术的新用场最能打动你？你怎样把它运用到你所在的组织和社区？

THE SOLUTION REVOLUTION How Business, Government, and Social Enterprises Are Teaming Up to Solve Society's Toughest Problems

第三章 规模化经营模式

公益领域的沧海桑田

对于许多城市居民而言，车是个负累。也许你只是隔三岔五地需要用车，但是你还是得拼命找停车位，每个月除了还车贷以外，还要付一笔不菲的停车费。尽管买车破费又麻烦，但还是比租车方便。除非你住在机场，否则你很难找到一个租车公司。就算你走运找到了，也得排队等候几天，并且预付每天50美元的租车费。什么？你只用几个小时？不好意思，50美元，不讲价。

然而，许多城市里已经悄然改变了这种恼人的局面。通过Zipcar和Car2Go等汽车共享服务公司租车，在离家几条街的地方就可以取车，并且每小时花费不到10美元。佳人有约时可以租辆跑车，买新沙发时可以租辆卡车。这种租车比我们前面提到的拼车要灵活一些，价格也相应的高一些。两种服务兼备的城市，人们可以根据实际需要二选一。

你只需在挡风玻璃前轻轻刷一下卡就可以享受美妙的租车之旅。和再生银行一样，Zipcar公司旗下的便捷服务少不了这些尖端技术：强大的微处理器、RFID、感应器、GPS、无线网络以及成熟的数据库。解锁这个简单的动作里包含了大量技术协作：感应器识别会员卡、无线网络查询预约、车辆是否可用和激活用户的预约。电子确认替代了传统的文书工作。

自助租车服务的受惠人远不只有租车用户。租车用户用车频率比私家车车主用车频率低。粗略地估算，一辆自助出租车可以替代 4~8 辆私家车，可供 25~50 人使用。自助租车服务带来的公益效果是显而易见的：交通拥堵改善了，出行开销降低了，空气污染也减少了。

德国汽车共享专家威利 · 卢斯说出了车主的心声："新车贬值是在所难免的事情，所以大家会想'既然车子已经是我的了，不如好好地利用它'。自助租车的费用结构与买车是完全相反的。除了一小笔用车费以外，其他的开销都与用车直接相关。"

此外，因为用户可以根据不同的需求选择汽车类型而且通常会在用车之前进行预约，所以他们在出行过程中很少出现燃油不足的情况。一项针对德国自助租车用户的调查表明：70% 的用户都选择迷你车或者小型家庭用车。瑞士的汽车共享服务平均每年给每位租车用户减少了 290 千克的二氧化碳排放量。

再者，汽车共享的另一个好处是：以前的停车场用地现在可以有别的用途了。德国弗莱堡的一个小区在引进汽车共享之后把原来的停车场改造成了几个游乐场。

其实，汽车共享并非 Zipcar 首创。公司联合创始人罗宾 · 蔡斯认为自己只是在现有的模式中选取了较好的做法并且利用先进技术增加其吸引力而已。这种概念风靡大江南北。汽车共享业务在欧洲遍地开花，欧洲汽车共享公司已经在 550 多个城镇里拥有 56 000 位客户。它在其他 1 000 多座城市也开展了类似的汽车共享业务。另外，许多像 Goloco 和 Getaround.com 这种点对点汽车共享公司允许用户在汽车闲置时将其出租。为了吸引更多的用户体验这种汽车共享服务，它们把"宝马"和"奔驰"也放入了租车行列。为满足城市穿行一族的需求，一个新兴产业冉冉升起了。

尽管汽车共享和拼车一样，目前市场规模尚小并且仅限于城区，但是它还在发展中。2013年年初，美国最大的汽车出租公司阿维斯宣布收购Zipcar，标志着社会对这种模式的认可。以前的Zipcar和现在的阿维斯在筹备一些大动作。Zipcar一项内部调查显示：对于汽车，“千禧一代”倾向于“不在乎是否拥有，只在乎能否使用”，他们非常乐意以“协同消费”替代养车费用。此外，55%的千禧一代“主动减少用车频率”。这个群体越来越在意自己的出行方式对环境的影响。为了一鸣惊人，各大商家都在挖空心思满足市场需求。

创新经营模式

汽车共享对于方法经济的划时代意义在于它全新的经营模式——利用技术消除传统弊端。再生银行、M-Pesa以及遍地开花的网上教学也一样。或许这些转变在整个大的市场环境里看起来微不足道，但是它们的发展速度一日千里。

不如我们一起畅想未来吧。10年之后，同陌生人分享汽车或者旅途已经成为见怪不怪的景象，而且租车比自己有车还要方便。成千上万的小区会选择积分奖励方法显著提高回收率和减少能源消耗。另外，通过谢尔盖·布林和安妮·沃西基的倡议的这类治疗帕金森病的众包模式、开放式创新模式，使许多致命的疾病也能被根治了。

方法革命消弭了旧式妥协，且常以更低的成本换取更加显著的效果。不像那些在私营部门的进步逐渐为人们所习以为常，此类创新不只满足消费者的需求，还能解决根深蒂固的社会问题。

我们在前面已经介绍过解题达人兼造市者和颠覆性技术怎样驱动方法经济。本章会继续探讨新兴经营模式以及从这些变革中诞生的组织结构。经营模式这个用语或许过窄，毕竟这些全新的运作模式催生了无数商家与顾客、政府与市民、领导与职员、邻里以及陌生人之间的新型关系。就像计算机运作系统是软件的基础，这些新型模式是新生社会经济关系和知识共享协议的基础。

以移动技术和经营模式之间的关系为例。智能手机扮演了各种角色，有时它是指南针和定位系统；有时它提供营养搭配和食谱建议；有时它是你和工作的中间人；有时它是通往答案的捷径；有时它是游戏机，在你和纷杂的现实之间树起一道屏障。鹿死谁手全看商家如何利用技术满足市场需求和应对市场竞争。好的经营模式集各种技术能力于一身，并且在便捷用户生活的同时发挥这些技术的最大效用。一个蹒跚学步的幼童在学会走路之前就已经会用苹果平板电脑触屏玩游戏了，这就是设备简洁性的最佳证明。火车上的旅客可以利用智能手机执行包括浏览世界能源价格、玩数独游戏等各类任务，这也是设备使用价值的铁证。

同理，要创造社会影响，推广这种经营模式是成功的前提。一家汽车共享服务公司也许会选用最环保的车型，但是如果取车地点选的不合适，或者短时花费超过全天花费，就很少有人会愿意选择它的服务。

意识到这一点后，我们来检验一下那些直接撼动传统经营模式并且不断填充公共服务市场的最具颠覆性和突破意义的方法。在经营语境下，这意味着什么？这些模式消除了妥协，把许多不可能的事情变成了可能。一个移动设备为什么就不能具有上千种不同的功能？或者以汽车共享为例，谁说选择一种出行方式就意味着在价格和性能、渠道和性能之间只能二选一？使用汽车共享服务，你可以过得像有车一样自如，完成各类临时差事、迅速穿行于城镇，甚至“自驾游”一天，而且你还不必承担买车的成本和负累。

决策者和市民每天都要面对各种各样的妥协。最常见的一种就是我们为公共服务支付的对价，也就是税费和我们享受的公共服务质量之间的比例问题。例如，在教育领域，大家一致认为提高教学质量需要投入大量师资，进行小班教学，配备先进设施。在这种传统教育模式下，减少师资力量、扩大班级规模会直接导致教学质量的滑坡。

一些企业和非营利组织力推网络，融和数字时代的学习环境与传统的教学方式，希望借此摆脱这种妥协。怎样才能实现目标？答案是：根据学生的实际情况为他们量身打造学习计划，无须增加师资。经营模式类似的公司在实际经营中会有不同的选择，比如针对不同的年龄群体，或者具体的科目，或者为残障学员量身打造学习计划。

在印度，形形色色的造市者都在努力消除医疗领域高质量与低成本之间的妥协。纳拉亚纳 · 赫如达亚拉亚医院每年的心脏搭桥手术数量居世界第一。它利用广阔的市场提高手术质量并且降低手术成本。由于病人数量庞大，每位医生都可以专注于一两种手术。搭桥手术成本在印度仅为 2 000 美元，而在美国则高达 10 万美元。但是印度医院的低成本并没有以牺牲手术质量为代价：它的手术死亡率比美国医院平均死亡率低。这种专业化经营模式应用到降低白内障手术和孕妇保健成本中也大获成功（见表 3–1）。

表 3–1 通过经营模式创新降低成本

领域	方案	组织	新型经营模式	成本降低率
健康	心脏外科手术	纳拉亚纳 · 赫如达亚拉亚医院	平价服务和专业化	60%
	饮用水	Voltic	连锁经营	95%
	婴儿健康监测	Pesinet	智能手机免费服务	95%
教育	配眼镜	Aravind眼科医院	平价服务和专业化	93%
	产科医生出勤率	Lifespring	平价服务和专业化	72%
	门诊产妇护理	–	–	80%
	初等教育	吉安沙拉	连锁经营	88%
		金桥国际学院	连锁经营	88%

本章主要探讨几种经营模式，或者说运作模式，它们颠覆了现有的公共服务模式，规模迅速扩大，在驱动方法经济中发挥了无与伦比的作用。

连锁经营

一些企业在经济大萧条中纷纷倒闭，而麦当劳这类经济型连锁经营店的业务却蒸蒸日上。2006~2011 年，麦当劳旗下的餐饮业务销售额增长了 4 个百分点（尽管食物价格见涨）；2011 年 4 月，麦当劳一次性招聘了 5 万名新员工。当然，世界最富裕国家的人们对此司空见惯，因为他们早已习惯了俭省型生活方式。不管连锁经营在西方听起来有多么低端，它们在第三世界国家还是引起了不小的震荡，给广大贫困人群提供了脱贫的机会。以发展中国家的教育为例，一直以来，可供他们选择的优质教育并不多，而连锁经营为解决此类问题提供了一个经济可行的办法。

2003 年，为早日解决贫困问题，肯尼亚展开了一场“免费初等教育”活动，在全国范围内推广免费初等教育。然而，政府并未因入学人数的增多而加大对教育的财政投入。结果学校处处超员，教育资源供不应求，本来就残缺不全的教育系统情况急转直下。

后来人们发现，肯尼亚所谓“免费初等教育”其实并不免费。一些公立学校向学生征收各类桌椅费、考试费、学校维护费。研究表明，内罗毕的学生家长每个月至少要向公立学校缴纳 3 美元的学杂费。而且，教师旷课率也居高不下。就算老师们照常上课，他们每天花在教学上的时间也只有 90 分钟。

现在，内罗毕的贫困家庭每个月只需花费 5 美元（大约一天的工资）就可以把孩子送到优质的私立学校上学，这全是金桥国际学院和它旗下的超低价、营利性连锁学校的功劳。自 2009 年起，公司业务迅速拓展：规划土地、建造校舍、招收来自贫民窟和偏远村庄的学生。到2013年，金桥公司已经拥有上百所学校，成为首屈一指的连锁经营商。

金桥公司是在2007年由前技术企业家杰伊·基梅尔曼一手创办的，目的是为第三世界贫困家庭提供低成本、高素质的教育。基梅尔曼花了三年的时间考察世界贫困地区的情况，希望能够为当地人民提供可扩散的公共服务。他走马观花式的搜寻止于非洲的一个学校操场，那时他正和新婚妻子香农·梅（也是后来的公司共同创始人）度蜜月。

“我们发现不管我们什么时候去学校，孩子们总是在休息。”基梅尔曼回顾道，“孩子们没有学习是因为没有人给他们上课。许多私立学校都是独资企业，所以他们没有一以贯之。”

一以贯之是教育行业的突破口和制胜法宝。

2013年5月，金桥国际学院在肯尼亚全国各地一共设立了83所私立学校，在校学生达26 000名。早期的研究表明，金桥学校学生的表现令其他公立学校的学生黯然失色（前者在核心的阅读技巧上完败后者），印证了麦当劳的广告词：不要以为你吃得多就一定花得多。当然，金桥学校没有饱和脂肪。

基梅尔曼起初的想法是，财力上自给自足并且可推广的教学模式是打破非洲贫困魔咒的关键。为了让教育模式具有可推广性，新学校的成本一定要低。因此，金桥公司必须重新打造初等教育价值观。结果诞生了独一无二令人瞩目的“箱中学校”模式：一个能够指导当地人以超低成本经营学校的蓝图。公司本来设想每所学校招收1 500名学生，但是只要招满200名学生就可以赢利。截至2012年，他们平均每所学校有313名学生。

在全力推进“箱中学校”模式时，箱中内容是制胜的关键。在设立公司之前，公司创始人已经备好了各类教具、课程表、教学程序甚至还有学校负责人的升迁制度；经营一所低成本、高效率学校的所有要件都具备了。这个箱子里包含着从校舍到课程表，从测试到教师培训等所有内容。所有的教师都接受统一培训，他们的教学内容都如出一辙。

商界里长江后浪推前浪的规则也适用于教育领域，比起那些传统学校的教师而言，有电脑利器在手的金桥学校教师们办事效率更高并且成本更低。金桥公司利用先进技术网络在它们遍布全国各地的学校里跟进成功教学案例并且查明学校运营的不足之处。借助于智能手机应用、网上数据管理系统以及其他辅助工具，公司以超低的成本把各方资源成功地串联起来。家长们可以通过M-Pesa支付学费，这样各个分校就不用直接与钱款打交道，因而没有给腐败留有余地。

基梅尔曼解释道："有了这种低成本、高效率的办学模式，我们可以筹款办学，学校在经营稳定的基础上会赢利，然后我们借助于这些利润创办更多的学校。"

奥米迪亚网络向金桥公司注资180万美元，公司计划利用这笔资金在撒哈拉以南非洲地区创办新学校并且在2015年之前实现800所学校的目标；大约平均每天要建两所新学校。此举可以给当地居民创造15 000个教学职位，进一步减轻当地的贫困状况。公司的终极目标是在第三世界国家招收1 000万名学生。

营利性学校当然是可持续的，创造利润就是扩大规模的驱动力。50年前，美国的咖啡屋和汉堡店都是典型的家庭经营模式。一开始，咖啡和汉堡都不是那种可以无限扩张的企业产品。但是，星巴克和麦当劳开创了一种可以赢利的范式，这些利润为它们在全美设立成千上万家连锁店奠定了坚实的基础。芝加哥的巨无霸汉堡吃起来和波士顿巨无霸毫无二致，当你走进一家星巴克，你也不会感觉到它们在西雅图的服务和迈阿密的服务有何不同。同理，尼日利亚的金桥国际学校与塞内加尔的金桥国际学校也一模一样。

与其他连锁经营模式一样，金桥公司的部分利润用来扩张学校网络，而且它有足够的周转资金来根据当地需要以调整学校布局。金桥模式比非洲传统教育模式成本更低、效率更高，其投入产出比是传统公立学校的 4~6 倍。

基梅尔曼不是第一个尝试通过为金字塔底层人民量身锻造连锁经营模式来破解社会问题的企业家，他也不是把这种模式应用于教学领域的首创者。在印度艾哈迈达巴德市，有一个名为吉安沙拉的非政府组织通过类似的方式取得了与金桥学校类似的成效。吉安沙拉（印度语里表示“知识或智慧的学校”）在贫民窟里租用教室并且从非正式机构雇用当地女性作为教师，为本地贫困人口提供超低成本的教育。

传统的教育模式被经济实用的变革颠覆了。吉安沙拉组织利用学生活页练习题和教师循序渐进手册来优化教学进程。然而，吉安沙拉组织模式与金桥国际学校的不同之处在于前者包含了很强的适应性机制；他们把教师的职能分为三个部分。一位教师专职负责围绕活页练习题和教学手册展开的日常教学活动，另一位资深教师在各个班级里巡回教学，每周一次来指导学生们学习更加复杂的教学内容。第三位教师，也就是“设计师”，根据教师的回馈和学生的表现来确定下一周的教学内容。对于那些缺乏教学经验或技巧的教师，吉安沙拉可以通过它强大的后台设计和管理团队来弥补这种缺憾。

和肯尼亚的学校一样，印度公立学校的教师旷课率一直居高不下。但是，通过调整教师换班时间（每天三小时）以及聘请住在学校附近的女性为教师，吉安沙拉成功降低了教师旷课率。由于这些教师是从非正式机构招聘过来的，她们的社会地位和谋生技能迅速得以提升，因此吉安沙拉教师人员流动率远低于其他公立学校的流动率。政府对此赞赏有加，现在所有家庭都不用向吉安沙拉学校缴纳学费了。目前政府资金已经覆盖了全国 350 个贫民窟地区 80% 的教育成本，剩下的部分由其他拨款承担。尽管断言金桥国际学校和吉安沙拉是教育界的麦当劳为时尚早，但是这种灵活的连锁经营模式在世界最贫困地区的竞争力是人们有目共睹的。

撒哈拉以南非洲地区有约5亿人口，他们中的大部分分散在农村地区，每平方千米仅有77位居民，这为服务范围广阔的微型连锁经营组织提供了天然土壤。这种微型连锁组织又称“直销模式”，它们采用一种“包中商务”概念：绕开零售和中介，培训当地人直接为当地社区和临近社区提供服务。

总部设在乌干达的“生活用品公司”聘请女性为销售代理，并为她们设计了一种现成的业务模式来销售包括蚊帐、清洁炉、营养强化食品在内的各色生活用品。加纳的健康管家公司和托约拉能源公司也采用了类似的经营模式来销售保健品和清洁炉。

只要有一家组织提供了成功的先例，其他企业也会乐于建立客户基础。企业家通常会动用他们已有的关系来实现建立客户基础的目标。由于销售额与企业利润直接挂钩，所以企业家们都有发展业务和扩大规模的积极性。这种经营模式与化妆品巨头“雅芳国际”曾经采用的直销模式大同小异，后者通过650万销售代理在全世界100多个国家销售产品。自19世纪以来，雅芳公司创始人开始招聘女性销售代表，把社会关系转变成销售漏斗，也把没有独立经济能力的女性锻造成了商界女强人。

在第三世界国家，许多企业采用雅芳的微型连锁经营模式来实现它们的社会目的。以生活用品公司为例，它根据市场需求确定洗涤剂的价格，赚取的利润用来补贴上门推销治疗疟疾和结核药物的成本。在乌干达的医疗体系下，药物本该是免费提供的，但是社区诊所的药物库存总是亏空，病人们不得不在药房求诊。自从有了生活用品公司，结核病药物和疟疾药物仅需0.75美元，不到药店价格的1/10（不算上门服务）。果真如生活用品公司创始人所说，“比免费的还要便宜”。

也许这种直销模式并非西方人所设想的那样无时无刻无处不在，仅当销售人员恰好有空上门时，当地居民才有机会享受到这种上门服务。但是对于农村地区的居民而言，这种经营模式还是给他们带来了不可多得的珍贵资源。只要有热心的企业家和充足的市场需求，这种模式就有扩张的空间。

平台战略

以前，请求空中支援的陆战队员得查明自己的地理方位才能获得相应的帮助。遭遇敌人猛烈进攻时，战士要在地图中找出自己的准确方位并且通过无线电把它传递（通常是大声呼喊）给直升机驾驶员。然后，机组人员在一大摞纸质地图中找出目标所在位置。在此过程中，一个细微的错误就有可能导致战友得不到掩护或者平民死亡的结果。

然而，2010 年夏天，当美军陆战队 369 轻型攻击直升机为阿富汗陆军提供近距离空中作战支持时，机长没有在 60~80 磅的纸质地图里翻找他们的地理位置，转而采用苹果平板电脑。这个金点子是驾驶员吉姆 · 卡尔森想出来的。两军交战时，对着无线电大声呼喊地理方位这种做法的缺陷是显而易见的，还有什么比用平板电脑传递己方和敌方地理方位更简便的做法呢？

自从他们第一次把平板电脑用于作战指挥，平板电脑的其他用途也迅速被开发出来。之后又有战士开发了一个应用，它可以用于记录部队的行军路线并且提供可替代路线的建议，这样一来他们中埋伏的可能性就大大减小了。

为了鼓励这种创新应用开发，2010 年，美国陆军开展了一个名为“军队应用”的活动，它是一个由士兵参加的应用开发竞赛项目。大约有 140 个团队参赛，25 个新的应用通过了检验认证。其中的一个应用

“未来指挥所”能够展示附近的交战实况。另一个应用把400多页的练习手册转变成了可搜索的多媒体形式。

美国国防部斥资百万美元开发应用程序市场，它是一个针对新军队应用进行下载、讨论和打分的数字平台。创建这个平台是为了鼓励战士与应用开发方合作并且反馈实际情况以供改进。战士们通过贝塔测试或者发布评论直接回馈使用情况，其运作模式与苹果应用商店和亚马逊的客户评论类似。他们还可以在网站上留言，描述他们想要的应用类型。

军方移动应用部长格雷戈里·莫特中校说：“军队应用市场不只是用来销售既有应用的，它还会激发开发新应用的灵感。假如一名战士想要一个可以请求发射炮弹的应用，但是目前市场上没有这种应用。这名战士会直接在市场论坛上描述他想要一个什么样的应用，这样就会引起同僚们对这件事情的讨论，潜在的设计者会关注这种需求。”供应方就可以为开发这种应用进行投标。

此举极大地鼓舞了小型企业解决军事问题的热情。例如，射击这个动作里包含着复杂的数学运算。狙击手在射击之前必须综合考虑风速、距离、纬度、气温以及其他一系列的变量。然而，只要有合适的应用程序，把苹果手机与来复枪加以组合，狙击手就可以迅速计算这些变量，包括地球自转带来的柯氏效应。许多像“子弹飞行”这种精准射击应用是向公众开放的，从而简化了士兵们获取最新科技的过程。

当然，也存在一些潜在的危险。在为士兵获得军事应用提供便利的同时，普通市民获得这种应用的途径也增多了，这会给广大市民带来安全隐患。相应的，开发应用的低准入门槛也给武装团体和恐怖组织获得这种军事力量以可乘之机。他们在经济实力和规模上或有欠缺，但是通过技术优势可以克服这种劣势。

美军应用平台揭示了一个事实：如今各行各业都离不开某种平台式的经营模式，而且经营模式多以互联网为基础。医生可以迅速交互检查各种药方以检验不同药物间的相互作用，求职者们可以交换他们对各类公司的看法，人们也可以轻易地对比一个特定地区的房产价格和其他财产的属性；其功劳全在于互联网。方法经济里的成功平台或多或少展现出了以下三个特性：

（1）它们以低成本或者零成本邀请参与者进行合作与交换；

（2）它们鼓励用户进行创作；

（3）它们让普通市民参与到解决问题的过程中。

以第一点为例。平时毫不相干的人因为得当的平台而聚集到一起进行广泛的合作。卡歌网是一个专为企业创办解析模型和预测模型比赛的平台，其首席执行官安东尼·戈德布卢姆谈道："获胜团队通常是人们自愿组队的，他们在之前的竞赛中都见识过彼此的水平。"每个团队的队员来自五湖四海，他们身份各异，有经济学家，有政府职员，还有顶级对冲基金商人。但是这一切都不重要，多元化团队是常态，而不是例外。

其次，成功的平台为用户创作提供便利，有时也为他们提供酬劳。以苹果手机为例，上百万人为iTunes（数字媒体播放应用程序）开发过或者正在开发新型应用。用户从多样化的应用中获益良多，而平台提供方也从成交额中获利；以苹果公司为例，他们从应用交易中获取30%的提成。苹果应用商店自上市以来创造了50亿美元的销售额，可证明这是一桩赚钱的生意。

广大用户对苹果公司的贡献远远超过了任何一家公司的能力范围。最聪明的企业家会留心到这一点：2012年加州山景城YC孵化器表现不俗的初创企业中有13%的企业依靠用户生成内容。

最后，有用的平台设计用户内容以便普通市民参与解决问题。从Udemy上教授的课程，到学生富翁网上的一对一辅导，再到MedTrust举办的癌症治疗试验，每个人做出的贡献大小因平台而异。每个平台都借助于私人公民的力量来创造公共价值。

免费增值

古往今来，免费奉送产品从来都不是一个好的营销方法。当然，也有例外，比如网络电视，它有广告费作后盾，可以为用户免费播放节目。另外一些“免费”产品只是在一段时间内奉送，或者以交叉补贴为前提，把一种产品的成本转移到另一种产品中。在银行存款 5 000 美元，你就可以“免费”获赠一个支票账户。买一个沙发，你可以得到“免费”的送货上门服务。你买一辆 20 000 美元的新车，它们送你一张“免费”的脚垫。这种虚假的免费奉送是一种无伤大雅的虚张声势。在商界，纯粹意义上的赠品实在凤毛麟角。要是有一家企业免费奉送它的主打产品或服务，无异于自取灭亡。

不过现在不存在这种问题了。得益于颠覆性技术，越来越多的成功企业开始为用户提供免费产品或服务。克雷格列表网站和维基百科等以免费服务著称的组织消除了知识壁垒并满足了几百万的信息服务需求。在此期间，它们击败了（如果不能说击垮）我们祖辈常用的报纸和百科全书。但是，它们是怎样做到“免费”的呢？为什么这种经营模式能够在创造公共价值中发挥如此重要的作用？

《免费：商业的未来》①作者克里斯 · 安德森认为，在过去 15 年的时间里，一种新型的免费产品和服务诞生了；这种免费比传统意义上的免费更加强劲有效。得益于技术的进步，创造产品和服务的成本一降再降；新型颠覆性技术重新定义了价值。结果，免费成了方法经济里一种真实的存在。

---

① 《免费》一书由中信出版集团于 2012 年 10 月出版。——编者注

在传统的电视和广播中，商业广告为“免费”节目埋单，你脑海里挥之不去的那些广告词“像一位好邻居……”就是铁证。看足球比赛的代价就是你得看某种壮阳药物的广告。互联网把这种运作模式发扬光大了，广告商不仅花钱买曝光率，也买用户信息。技术便利了传统模式的推广，因为现在企业不仅可以卖收视率，也卖用户各类包括网上行为在内的信息。网上搜索引擎公司和社交网络企业不仅赚取广告费，还通过转卖用户信息赚钱。

不断降低的边际成本催生了一种新型策略——免费增值模式，在免费的基础上提供增值服务：供应商免费赠送产品或者服务，通过销售增值产品或者互补产品赢利。它以少量用户购买的增值服务来补贴大部分用户享受的免费服务。以Skype（一款即时迅信软件）为例，它为电脑用户提供不限时的免费网络电话服务，但是拨打座机或者语音信箱要另行收费。免费加增值的模式广受其他企业的青睐。又如Dropbox，它为所有用户免费提供5千兆（计算机容量单位）的网上存储空间，然后对超出的存储空间进行收费。

让消费者免费试用样品不算新鲜。真正有新意的是一家企业的主营服务也可以免费，多亏了那些购买增值服务的少数消费者。另外一个新颖之处在于这些免费提供的颠覆性技术可以为解决公共问题提供新思路。

免费产品和服务可以创造广泛的公共利益。有社会责任心的黑客开发了用于绘制犯罪现场、自行车车道以及农贸市场地图的应用；资料全部来源于政府提供的免费开放数据。给市民提供免费创造机会的开源工具正在大幅增加。合作和合作设计论坛也大量涌现，甚至邻里之间也有了类似“隔壁邻居”服务，它们把小区里的居民聚集到网上。

可汗学院是免费服务领域最出色的社会企业之一，它把有史以来“伟大的平衡力量”带到了教育领域。2004年，萨尔曼·可汗制作并且在YouTube上传了一系列用以辅导自己的堂弟、侄子和侄女的教育视频，他没有想过此举会给教育界带来一场震荡。上传视频不久之后，素不相识的人也开始观看，比尔·盖茨也是这些陌生人中的一员，他利用这些免费又简便的视频教育自己的孩子。可汗学院利用1 500万美元资金（这些资金大部分来源于比尔及梅林达·盖茨基金会和Google公司）把它的免费网络教育推广到全世界千千万万的教室和私人住宅。

筹到这些资金两年后，可汗学院的免费教育每个月吸引了400万学生的关注。学生可以在3 000多种课程中自由选择，这些课程囊括了算术、微积分、金融、历史等所有领域。且所有的课程都是免费提供的，只要有网络连接，任何人都可以享受到这种服务。

最新数据显示，已经有23所学校（这些学校多位于加州）采用了可汗学院的数学教程。靠近旧金山的洛思阿图斯学校利用可汗学院的教育软件“翻转”了课堂，学生们在家自主学习可汗学院的教育视频，这样老师可以从普通课程中省出时间来一对一讲解学生们不理解的概念和内容。后来证明这种方法是行之有效的。前期的测试结果表明学生们的学习成绩有了显著的提高，后进生的进步尤为明显。

免费服务也改写了高等教育。英国政府在网上公开了政府资助研究项目的研究结果，任何有需要的人都可以进行查阅。P2PU，Saylor.org和University of the People等非营利组织利用公开课件数据库为用户提供网上教程和课堂视频。这些组织不像传统大学那样向学生颁发学位，而采用了一种可以直接展示给用人单位的证书。

学生们也可以把公开课件当作复习注册金融分析师考试和精算师考试的学习资料。查尔斯·雷内斯是来自加州的一位理科教师，他曾获各种全国性和区域性大奖，但是他没有理学学位。他之所以能通过理科教师资格考试，全靠公开课件资料。雷内斯认为网上资源是“无价的自学神器”。

麻省理工学院和斯坦福大学是免费民办教育领域的先驱。麻省理工的开放课程向全世界公众开放，为公众提供 2 100 多种课程，吸引了 2.15 亿来自世界各地的观众，尽管它没有给用户提供任何学分。其 2/3 的开放课程用户已经获得了大学文凭。9% 的用户从事教育行业，43% 的用户来自其他高校，这意味着这些用户可能把开放课程分享给更多的人。它还表明，正如许多反对者所说，开放课程虽然没有做到提升高校毕业率或者降低文盲指数，但是它让受过高等教育的人变得更有文化了。而且，这种尴尬的境况正在好转，因为主办方投入了更多的资源用以吸引那些没有本科学历的人群加入学习计划。

最近，麻省理工又前进了一步，它开始为网上教育学生提供证书。2011 年 12 月，它开展了“MITx 计划”，为学生提供麻省理工认可的学位。截至 2012 年 2 月，已有 90 000 人注册了电子电路课程。整个课程和学位都是免费提供的。也许将来它们会考虑收点学位证工本费，但是相比大学或学院里的面授课堂而言，这些工本费微不足道。2012 年 5 月，麻省理工和哈佛大学联合创办了 EdX，为全球用户提供网络课程；完成教程的用户有机会获得“结业证书”。自从引进了 EdX 之后，加州大学伯克利分校和乔治城大学等知名高校纷纷加入了免费网络教育大潮。

斯坦福大学也开办了免费网络课堂。斯坦福大学计算机软件学习课程（以下简称 SEE）为学生和教师提供计算机科学、人工智能、线性系统课程以及包括苹果应用开发等其他市场急需技能的培训。得益于知识共享许可，任何能上网的人都可以自由使用、分享和改编计算机软件学习课程资料。

SEE 人工智能基础入门课程的报名人数高达 16 万。约有 35 000 人提交了需要耗时 3 周的家庭作业，使得该课程跃居斯坦福最受欢迎的课堂榜首。

如何让大型开放式网络课堂（MOOC）更具互动性？鉴于开放式课堂的规模之大，主办方根本不可能做到对每一位学生有求必应。给学生打分也是个大问题，对于那些非技术性的课堂而言更是如此。为了解决这个难题，在红迪网、脸谱网、堆栈溢出等平台上由主办方监控下的学生互评、数字化学习厅应运而生了。EdX平台更加多样化，它把每节课堂切分为一系列视频短片和课堂练习，而且每个版块下都有讨论区，这样参与者就可以提问并且与同学和助教展开互动。

免费的平台同样惠及授课教授，它会迫使主讲人改善教学方式从而使课程内容通俗易懂以调动学生参与的积极性。SEE最火的人工智能课程教授塞巴斯蒂安·特龙说道："平时授课时，有些内容我可以随意增减，但是网上授课不可能蒙混而过。现在，我更加注重学生的体会了。"

SEE课堂会给包括网络学员在内的所有学生进行打分和排名。到目前为止，网络教育学员中的佼佼者也能与斯坦福大学的优等生相媲美了。特龙教授面授课堂的学生没有一个能得满分，但是网络教育课堂里却有248名学生拿到满分，这种对比十分耐人寻味。或许它揭示了一个振奋人心的事实：在斯坦福校园之外有许多优秀的人才，随着网络教育覆盖面的扩大，越来越多的金子会闪烁出耀眼的光芒。我们生活在一个学费猛涨的年代，学生负债情况愈演愈烈，许多人才被挡在了传统高等教育的门外，此时横空出世的SEE计划意义非凡。特龙教授非常重视网络教育，2012年，他与其他合伙人共同创办了Udacity学习平台，为公众提供各种理科、技术、工程和数学课程。

值得重视的是，新型免费高等教育与传统公立学校的免费教育是有很大差别的。新型免费教育利用技术传播知识，打破了地域疆界；而公立学校的免费教育拘泥于一时一地，而且它们在地方上维持着一种垄断状态。传统的公立学校会花费纳税人大量的钱财，而且其效果往往不如人意，而新型的免费教育不花纳税人的钱并且质量有保障。斯坦福和麻省理工在这方面与Podunk大学相差甚远。关于方法经济如何以新方法解决传统方法不能解决的问题，新型免费教育为我们提供了参考答案。

不可否认的是，凡事都有坏的一面。尽管网络教育给广大用户带来了极大的便利，却不能给用户提供面对面的交流机会，没有这种交流机会就无从培养软技能和营造归属感。虽然主办方也给网络学员颁发证书，但是总体而言，网络教育还达不到全日制大学教育的同等效果。然而，这些弊端不能抹去学生们在网络教育中学到的知识和技能，只要他们学以致用，同样会给社会创造实实在在的利益。以两位海地社会企业家为例，让·罗纳·诺埃尔和亚历克斯·乔治都在麻省理工的开放式课程中自学了电路工程，他们学以致用，为海地最贫困地区装上了500多个太阳能街灯。诺埃尔说："我通过开放式课程学习了集成电路原理。我发现利用集成电路可以提高能源利用效率，但是我不明白其中的原理。后来我通过麻省理工的开放式课程学习了这些知识。"

另外，任何新式软件都会有漏洞。网络教育软件的问题是：如何奖励学生的进步？期末考试时，如何杜绝学生作弊（这是远程教育一个不幸的弊端）？开放式课堂如何扩展它的覆盖面，消除知识领域的贫富悬殊？不管新兴技术怎样颠覆传统市场，数量不代表质量。而且免费的开放式课程学习曲线势必会直线下滑。但这只是一个起步阶段，开放式课程一定会更新换代。

MITx、Edx和SEE等公开课程证实了无须巨额开销，通过网络就可以传播世界一流的教育。开放式教育覆盖面的扩大也为后代播下了变革者和公益创新者的种子。

众包的力量

免费的公开课为公益领域提供了大量后备军，但是把这些后备军纳入方法经济中还得靠“市民外包”。《群体的智慧》《众包》《维基经济》等许多书普及了众包这个术语，它是指利用利己的独立个体的力量非集中式处理各类问题。一项工作被分解成小块任务的可能性越大，利用众包完成这项任务的成本效率就越高。任何一个能上网的人都可以通过CrowdFlower、CloudCrowd、亚马逊土耳其机器人等众包平台完成简单的有偿网上任务。当这种外包服务与社交网络尤其是智能手机捆绑在一起时，我们称之为“市民外包”，它可以完成任何任务，大至应对社会危机，小至解决复杂问题。

市民外包最适用于整理杂乱无章、不易分类的信息。以内罗毕的基贝拉贫民窟为例，它是全世界最大的贫民窟之一，100多万人在不足550英亩的地方摩肩接踵。基贝拉居民分布在非正式的村庄里。之所以称其为村庄，是因为它聚集了一堆巴掌大的小棚子。孩子们在堆满垃圾的铁路上玩耍。行人在臭水沟上穿行，水沟两边都是干裂的泥墙。犬牙交错的羊肠小道随着贫民窟的扩张而不断改道。居民们的卫生条件更是惨不忍睹，至少50个茅草屋共用一个公共厕所。年轻的小伙子们用水桶清理公厕并且把秽物倾入附近的小河。

由于村落呈不规则蔓延态势，基贝拉又没有地图，寻找洁净水源就难上加难了。没有地图，就无从改善贫民窟居住条件。埃丽卡·黑根是一位美国人，目前居于内罗毕。她说：“没有地图就没有办法规划发展和分配物资。信息在此时比历史任何一个时期都重要。谁掌握了信息，谁就有制定政策和分配物资的话语权。”

为了解决这些问题，黑根和她的生意合作伙伴迈克尔·马龙发动当地居民绘制基贝拉地图。他们利用掌上定位系统标注水龙头、学校、公共厕所等地标性建筑。搜集到的信息会上传到为用户提供免费地理数据和地图服务的应用OpenStreetMap.com上。哈根说："不出三个星期，绘图小组就绘制出了基贝拉史上最精细的地图，基贝拉所有地标性建筑都被标识出来了。"当地的志愿者学会了利用地图技术，有的人还注册了生平第一个电子邮箱。

黑根和马龙希望借用地图来说服当地政府为基贝拉贫民窟提供更多的服务。例如，地图上标出了一条给水管道穿过基贝拉，但并未供水，凸显了该地区资源配置的不合理，这也给政府改进公共服务提供了一个着手点。基贝拉附近社区也展开了类似的绘图活动。

众包式绘图给这些社区人民以掌握自己命运的机会。志愿者完成任务的效率和精准度普遍高于任何一个浩大的自上而下的工程。因为绘出的地图与他们的命运休戚相关，所以志愿者们注意到了那些钟点工可能忽略的细节。

在非洲贫民窟千里之外的美国，众包在解决密集城区公共问题中发挥了巨大的作用。在波士顿等城市，公共工程中的问题层出不穷。路面的坑洞、墙上的涂鸦、路毙的动物等问题亟须解决。2009 年 10 月，波士顿政府启动了一个简洁而优雅的方法：一个允许用户在发现一个问题之后拍照并将照片发送给市政厅的智能手机应用。这个应用可以自动获取定位信息，这样市政府就可以有序地安排补救工作。甚至在问题得到解决之后，它还会给报告问题的用户以回馈。如此一来，波士顿政府利用群众的耳目发现了不少应当予以重视的问题。在波士顿市政府收到的服务通知中，有 20% 来源于该手机应用。

一手策划波士顿"市民连接"活动的市政官员克赖斯特 · 奥斯古德和奈杰尔 · 雅各布斯把他们的方法称为城市"微志愿"：给市民一个参与微公益的机会，这些看似微不足道的小动作加起来会产生巨大的公共利益。好比麻省理工和可汗学院的免费教育模式，基贝拉贫民窟绘图活动以及波士顿公共手机应用展现出以零成本解决社会问题的可能性，这是空前的进步。自从高新技术消除了社会弊端之后，企业家仅需开创一种经营模式，释放免费劳动力的潜能，并且把这种潜能用于解决社会问题。

微志愿的另一个成功案例是波士顿的“路拱应用”。波士顿市民只需下载该应用并在开车时将其激活。路拱应用会自动搜集行驶过程中遇到的路拱信息并将其发送给市政厅。它甚至可以识别和过滤由井盖和减速带引起的颠簸。

奥斯古德给那些希望借助民众力量解决社会公共问题的组织提了一条建议：“找到公众每天面临的问题，然后想办法把它分解成各类可以由个体完成的轻便小任务，这样可以降低风险。通过这种方法能够吸引更多人。”

群众还可以参与解决跨国跨洋的全球性问题。以网页翻译为例，目前需求量最大的是把英文版网页翻译成其他语言。不花一分钱可以办成吗？听起来挺不现实，但是策划这场活动的路易斯 · 冯 · 阿恩做到了。他是卡内基–梅隆大学的计算机科学家，曾参与设计CAPTCHA，也就是我们在网上填写表格之后要输入的验证码。在最近的几次操作中，验证码被用于实现图书数字化；每天大约1亿字，每年数字化250万册图书。截至2011年12月，有7.5亿人，也就是说全世界人口的1/10，很快加入了这场浩大的工程。

为了完成网页翻译任务，阿恩发明了一种名为多灵狗的语言学习软件，它会在请求用户完成少量翻译任务的同时给用户传授外语知识。这些翻译任务的难度根据用户的外语水平而定。每次只要有一个小型翻译任务被完成，网页的内容就会进行相应的调整。多灵狗软件以免费学外语为契机，调动了公众参与网页翻译的积极性。

路易斯以一个历史类比解释了他的众包方法：

回首人类历史上举世瞩目的成就，人类团结一致所创造的奇迹，比如埃及金字塔、巴拿马运河、人类登月计划……我们就会发现一个有趣的事实：这些工程所耗费的人力数量是一致的。这有点奇怪，但它们都是由 10 万人合力完成的。我们觉得奇怪是因为在互联网出现之前要协调 10 万人简直比登天还难，更别说给这些人发工资了。但是现在我们有了互联网，我们已经发动 7.5 亿人参与图书数字化工程。我发起这个活动就是为了知道这个问题的答案：既然 10 万人就可以实现登月理想，那 1 亿人又可以取得什么样的成就呢？

当然，除了数字化图书之外，群众的努力也没有用在别的领域。技术与经营模式的巧妙结合促成了人类历史上规模空前的协作，这种协作完全出于自愿和免费。下一步是探索哪种非物质性奖励可以带动 1 亿人积极为公益做贡献。前景如此光明，以至于人们都在努力寻求答案。

成功经营模式的秘诀

本章探讨了不少成功的经营模式，从它们运用创新方法服务大众的经验中，我们可以学到什么呢？

首先，这些方法经济里的创新者几乎都从解决顽固社会问题着手的。金桥国际学院和吉安沙拉的目标是为非洲和印度贫困人群提供低成本、高素质的教育服务。再生银行的目标是提升废弃物回收利用率。这些变革推动者对问题探究得如此之透彻，就像一位投资人在影响经济会议中所说的那样，“他们能从人行道的裂缝中发现商机”。

其次，另一个制胜秘诀是巧妙地运用、结合并且改造技术，以新型方法解决旧式问题。Zipcar 和可汗学院在各方面都截然不同，但是它们都利用数据分析技术来改善服务，不管服务指向选择最佳取车地点或是给学完代数的学生推荐何种课程。Zipcar 利用即时地理数据为客户提供个性化服务，可汗学院利用一种游戏框架引导学生掌握所学知识。它们都以优质和低价的服务著称，都利用了已有的技术。它们的创始人懂得利用何种技术以及怎样把这些技术结合起来，这种视角让它们从众多竞争者中脱颖而出，为组织开辟了一条成功之路。

再者，成功模式的另一个共同点在于它们都采用了规模化经营模式。不久之前，企业要耗费数十年的时间来扩大规模才有可能为几十万人提供服务。而麻省理工的开放课程在短短几年之内就发展了几亿受众。如今，有了互联网、社交网络、智能手机、云计算，成功的经营模式可以迅速推而广之，好的想法也可以在短期内付诸实践。采用金桥公司“箱中学校”模式的企业在几天之内就可以建成一所新学校。

最后，行之有效的模式一般都是多功能的，可以用于解决各类社会问题，它们囊括了教育、医疗、数据分析、小额贷款等一系列领域。功能的多样性能够将其价值呈现给潜在的投资者，让他们随时掌握经营模式的运作情况。

下一章，我们会介绍各类改写方法经济规则的新型货币。在造市者的眼中，货币的概念不再局限于政府发行的钞票，而是一系列新型交换媒介。这些非物质性货币是方法经济的血液，它们催生了方法经济主体之间的交换，并且成为解决社会问题的黏合剂。

规模化经营模式概览

核心理念

创新经营模式（运作模式）催生了一系列新型社会关系和知识共享平台，奠定了方法经济的基础。它们通常借助于新型技术改造传统弊端，以一个较低的成本就能取得显著成效。

规模化经营模式类型

最成功的经营模式把新型技术与方法和行之有效的经营概念相结合：

- 连锁经营：在方法经济里，连锁经营模式利用一系列可以复制的业务解决社会问题，专为金字塔底层人群服务。
- 平台：它们召集了大量的网上参与者，为普通市民创造了回馈社会的机会。内容由用户生成，普遍呈分散式，可以用于改善或研发解决方法。
- 免费增值：免费增值模式允许商家为消费者提供初级的免费产品或服务，然后销售增值或者互补产品抵消差价。
- 市民外包：市民可以通过这种模式完成小型任务（通常是网上任务）为公益做贡献。当市民外包服务与社交网络和智能手机捆绑在一起时，市民可以完成从解决复杂问题到应对社会危机等各类事项。

成功模式的特点

满足以下条件的经营模式能够优化社会影响：

- 创造性地应用和结合技术，从各种不同的角度把这些技术用于解决社会疑难杂症。
- 有规模化的潜质，能够为成千上万的人提供服务。
- 公开透明，让投资者随时了解组织动向。

创新者

- Zipcar：汽车共享公司，借用前沿技术，为市民提供便捷的租车服务。

- 军队应用市场：美国军队应用的下载、讨论、打分平台。
- 生活用品公司：乌干达社会企业，销售蚊帐、清洁炉、营养强化食品等产品。
- 金桥国际学院：拥有上百家私立学校的肯尼亚教育集团，总计招收 26 000 名学生。每月学费仅为 5 美元，学生成绩远超其他公立学校学生学习成绩。

现状核实

与任何营利性活动一样，实现社会影响需要有强大的创新经营模式。如果说二者有什么区别的话，也许在于：后者的受众更广，甚至遍布于条件恶劣的偏远地区，这些受众期待得到可靠的服务，他们的期望促使创新者锐意进取，百尺竿头，更进一步。

思考题

你对本章介绍的哪种经营模式最感兴趣？这种模式还可以为哪些人群服务？它能给这些人带来什么？

THE SOLUTION REVOLUTION

How Business, Government, and Social Enterprises Are Teaming Up to Solve Society's Toughest Problems

第四章 新式货币

驱动方法经济的影响货币

《魔兽世界》是过去10年来世界公认最成功的网络游戏之一。魔兽玩家遍布世界各地，人数达1 000万之多，甚至超过瑞典全国人口的总量。魔兽发烧友们废寝忘食地赚取魔兽金币、提升经验等级、征服各类怪物，他们还用真金白银购买高端角色和魔兽金币。

据统计，《魔兽世界》等虚拟游戏为世界GDP做出了280亿美元的贡献。全世界约有10万人从事第三方游戏服务，他们主要完成“打钱”等微型任务，创造了30亿美元的年销售额；第三世界国家受惠最多。

然而，魔兽的经济体系里不只有虚拟金币。玩家还可以积累名誉值，这些名誉值的意义因部落而异：例如，当杀死了一个“黑水海盗”，你在黑水海盗部落中的名誉值会暴跌，但是你在他们的对手“血帆海盗”部落中的名誉值会相应地增长。它的“声望系统”通过货币奖励玩家之间相互征战，但是有些货币只在特定的部落里有价值。

虚拟游戏里有很多模拟现实经济的元素。这些游戏通常会参照现实世界里的行为制度，譬如名誉值。开发商不会因为振兴了一个城区而获得任何官方名誉值，但是因此获得的名誉能带来可观的经济价值。他们可以在“酒驾”事故中把来之不易的名誉一手断送，也可以通过背书把这种名誉转借给前途光明的企业家。现实世界中也有一些货币仅对特定对象有价值，比如我们经常看到一些圈子比其他圈子更加重视碳信用额。

人们在日常生活中以这类非官方货币为交换媒介，哪怕没有合适的记录器来追踪他们每日的得失成败。虽然这种货币不太能换算成实际的利益，它还是会给人们的行为带来各种积极或消极的影响。现在，善意与奖励之间的距离越来近了。

Google公司联合创始人谢尔盖·布林、全食超市公司总裁约翰·麦基、维珍集团董事长理查德·布兰森等商界精英认为社会收益比企业利润更重要。得益于先进技术，现代人有办法识别和统计社会收益并将它们转化成可用于交换的商品。

许多企业不再盲目追求利润，美捷步公司就是它们中的一员。2009年，亚马逊以12亿美元收购了美捷步，美捷步董事长谢家华决定利用这笔资金把公司迁至拉斯韦加斯并且改善拉斯韦加斯的居住环境。他希望把赌城改造成“全世界最以人为本的大城市”。

谢家华斥资3.5亿元打造了“市中心计划”以检验新型经营模式：吸纳有创意、有干劲的人才，扶植社区发展，走可持续发展道路。除了赌城之外，还有哪儿更适合这场豪赌呢？

谢家华把一部分资本用来购买土地、公寓和衰落城区的写字楼；另一部分资本用于资助那些自愿搬迁至此地的技术公司和小型企业，还有5 000万美元用于改善教育条件。谢家华认为把拉斯韦加斯市中心改造成“宜居地段”可以帮助他的公司吸纳人才。

谢家华以自己的价值追求，即社区福祉，来衡量这些投资的成效。他说：“所有的工厂都不遗余力地追求企业利润最大化，但是我们最想做的是实现社区回馈最大化。”

像谢家华这样重视社会收益的造市者以对社会的积极影响为标准来衡量成败得失，这种影响的参照物一般是非传统指数，如适龄儿童入学率、服刑人员改造率、肥胖指数下降率等。在不断完善这些指数的过程中，造市者奠定了衡量和激励进步的基础，只有在货币语境下我们才能更好地理解这种概念。或许谢家华的“社区回馈”还需要一段时间才能得到公众的认可，但是他让我们明白了一个道理：货币有各种各样的表现形式。

公益领域的新货币

每当谈及货币，人们会想到钞票——美元、日元、欧元。其实，纸币只是货币的众多表现形式之一。不同的历史时期有不同的货币符号。《魔兽世界》的虚拟金币只是非传统货币中的一种，以前还曾出现过各种各样的货币符号，例如：3 000 年前，雅蒲岛上的居民用石头充当货币；中国人以贝壳作为交换媒介。

随着时间的推移，货币的形式不断演化，从最初的石头和贝壳到现在流通于国际金融市场里的纸币。如今，越来越多的新式货币受到广大市民的青睐，人们对于货币的理解还在深化发展。

货币是我们创造价值和交换财富的媒介。与魔兽世界一样，方法经济里的价值创造和价值交换以各种新颖的方式展开。毋庸置疑，我们处在一个新型货币涌现的年代，它们能够刺激人们以新的方式创造公共价值。

要理解方法经济的运作模式，我们需要刷新货币观。货币可以是任何经许可并具有经济功能的物品。它只是一种交换媒介，具有流通、支付、贮藏的功能。我们可以从以下例子中得出这个结论：货币是盘活方法经济的利器，它能够把资源调配到那些传统货币不足的领域，它鼓励人们对物资匮乏的地区伸出援助之手。

传统的货币有它存在的理由，但是解题达人不会拘泥于这一种模式。以创新方法吸引、规划、分配资源是解决问题的重中之重，在这种特殊的历史时期更是如此。表 4–1 列举了一些影响货币的特点，下文会逐一分析这些货币形式。

表 4–1　影响货币的构成要件

	交换媒介（便于交易商品和服务）	价值储藏（用于贮藏以供未来消费）	价值尺度（有用的测量标准）
信用额	信用额有定价，可直接用于交换； 积分也用于兑换礼品，如，100 分=一份礼品	信用额可以在公开交易平台上流通，随时都能兑现	公民和团体可轻易比对他们的信用额或者以配额抵销他们的消耗总量（特别是能量消耗）
社会效益	各类组织乐于为特定的社会效益埋单，成效式合约确保了交易安全	不能用实效说话的企业在引资时处于劣势地位（假设：存在有竞争力的组织可供投资人挑选）	社会目标一致的各类组织可借助通用标准横向对比（譬如全球影响力投资评级打分系统 GIIRS）
公民资本	老百姓可以通过互易市场和时间银行交换专长	为特定社会目标付出的时间，如果在时间银行或其他机构注册，可用于兑换产品或服务	志愿服务时间和贡献总量（如为 200 人提供膳食，给 30 个学生上课）是衡量标准之一
数据	许多合作内容包括数据共享； 政府可以通过公开数据以更低的成本换取更好的方案（竞争功能相似）	如果运用得当，数据会升值；数据可以无限期存储，旧的数据如果不能用于最新发现则会贬值；在有立法保护的情况下，公民可以分享数据	可以通过数量、准确性以及其他标准衡量数据的价值
信誉	能否顺利交易取决于交易双方是否互相信任；信誉决定企业是否能够进入特定市场并获得优惠条件	信誉是后天的，贬值或升值都会对将来的合作产生影响；评分高效果持久，可以吸引其他机会	通过打分系统，信誉等级可以做横向对比，它会影响合作伙伴的决策

信用即货币：交易公共物品

阿拉斯加的布里斯托尔湾是世界上最美的三文鱼渔场之一，上百条原始溪流流经此地。每年此地都会出产海量三文鱼（2008 年有 2 930 万条），单凭三文鱼贸易每年就能直接创造 3.24 亿美元的经济效益。海洋尽头有青山高耸入云，渔民们每天驾着溢满柴油和漂散着鱼饵气息的小船出海捕鱼。

当渔民们同时发现鱼群时，他们会相互推搡，在挤满渔船的水面上你争我抢，有时他们还会故意用渔网牵绊对手的船桨，要在寒冰彻骨的海水里解开这种死结非常困难。时不时会有人爆粗口，有时还会拔枪示威。

布里斯托尔湾是一种典型的公共物品：属于全人类的有限资源。传统经济学认为，由于资源有限，所以要竭尽所能攫取资源。人们把这种现象称为公地悲剧。大西洋渔场的大浅滩就是一个典型的例子，它曾因丰富的渔业资源闻名遐迩，但是现在滩内鳕鱼物种已经濒临灭绝。

所幸布里斯托尔湾渔民没有为三文鱼而展开厮杀，现在他们可以把三文鱼配额当作货币，一种典型的非物质公共物品。渔民们也可以从容面对偶尔三文鱼供应量不稳定的情形。如此一来，市场上也不会有囤积居奇的行为，因而避免了公地悲剧。因为在出海之前，他们已经商量好了每个人的捕捞量。

当然，任何一种正常运作的市场都需要有独立的第三方来维持交易秩序和制订市场规则。阿拉斯加州政府渔猎部优雅地维持了布里斯托尔湾的捕捞秩序：每年，科学家会统计满足可持续发展所允许的捕捞量，渔猎部把它分成具体的配额。所有取得捕捞执照的渔民均可获得几吨捕鱼配额，他们可以自行捕捞，也可以对这些配额进行交易。当一位渔民运气不好时，他可以把配额转让给其他有能力捕捞的渔民，二者各得其所。

布里斯托尔湾的市场配额只是众多范例中的一个，它启示我们：公共部门可以花一点心思把与市场经济格格不入的公共物品（确定野生动物配额确实是个棘手的问题）变成一个可以运作的公开市场。有了数据分析和为成功埋单等创新之后（我们在下一章里还会继续讨论），市场主体可以把公共福利当作商品进行交易，利用市场力量创造有形和无形的公共财富。此行目的在于从公共价值或者那些我们认为能够带来公共价值的行为中创造新的货币形式。

布里斯托尔湾的成功要归功于诺贝尔经济学奖得主埃丽诺·奥斯特罗姆和她先生文森特。文森特曾建议出台阿拉斯加州宪法，尤其要明文规定自然资源归属于市民而不是政府。他认为公开交易的商品必须具备三要素：第一，它必须具有排他性（不能归属于所有人）；第二，它的数量必须是有限的；第三，它必须是可以量化的。换言之，这些商品必须是可测量、可估价、可交换的。

但是，很多时候配额贸易不是那么轻而易举的事情。例如，碳排放交易原理与阿拉斯加的三文鱼配额原理类似，但是前者显然更加复杂、更难操作。

在碳排放限额交易体制下，环保部门给每所工厂分配资源（净碳排放）利用权。例如，在特定的年份，环保部门可能会给劲科发电公司分配 1 000 吨碳排放配额，如果碳排放超标，劲科公司就要在市场上购买超额部分的排放权。这种配额模式促使劲科公司开发低排放设备，减少向大气中排放二氧化碳。随着时间的推移，也许环保部门会减少配额，进一步控制碳排放量。与阿拉斯加的三文鱼配额一样，此举目的在于维持可持续发展。

这种限额交易措施有效地控制了美国二氧化硫（它是酸雨的主要成因）的排放。然而，在控制碳排放方面，情况却不容乐观。一是，环保部门很难查明到底排放了多少二氧化碳，而且他们不知道保持经济增长到底需要排放多少二氧化碳。二是，如今二氧化碳排放源五花八门，酸雨防控的监控设施难以照搬到二氧化碳排放管控系统中，即使能够实现目的，其成本也令人望而却步。

此外，关于某个特定年份的气候能够容纳多少碳排放仍未达成共识。人们只是就碳排放对下个世纪或更久远的将来的影响达成了一个原则性的共识。事实证明，碳排放难以排他、量化和限制，它本身就是一个有着大量未解之谜的难题。

然而，有了数据分析技术之后，科学家们可以计量这些排放对生态系统的影响了。以发电厂的碳排放量为例。每天都有成千上万座发电厂在运作，它们的原料多为煤炭、天然气等碳氢化合物以及核能、水能、风能、太阳能等替代能源。输电网以接近光速的速度把电力输送给千家万户；人们只知道自己可以享受电能，却无从知道电能从何而来。因而，查明电力输送过程中产生的二氧化碳排放也异常困难。

值得欣慰的是，越来越多的公私组织乐于与利益相关者分享它们的碳排放信息。数据分析方才逐渐流行开来。为了方便市民获取和分享碳排放信息，美国环境保护署发明了一种电子网格，它可以追踪输电过程中二氧化碳排放信息。电子网格的诞生奠定了碳核算协议的基础。许多组织利用电子网格报告它们的“次排放信息”，即能源利用过程中间接产生的碳排放信息。有了电子网格之后，这些隐性的碳排放可以计量了，于是企业通过可再生能源证书直接为它们的碳排放埋单，我们一般称之为抵消交易。

全食超市公司利用现场发电和从第三方代理人 3Degrees 购买可再生能源证书抵消了 106% 的碳排放量。科尔士百货公司、奥斯汀市、北美汇丰银行、卡内基–梅隆大学以及其他不计其数的组织也抵消了 100% 甚至更多的二氧化碳排放。通过这种方式，公共物品变成私人物品，可以在市场中自由地交易。

政府打造了排放许可证、碳抵消、再生能源许可证等各类环境影响货币，市场力量推动和决定这些货币的价值，促使也迫使各路市场主体进行创新。

量一量货币

碳信用额

2011 年，全球碳信用额市场价值约为 1 760 亿美元

社会影响：方法的价值所在

eBay 上市 3 年后，皮埃尔 · 奥米迪亚站在高盛集团的交易大厅里，看着他公司股价涨了 3 倍。现在，他真的是钱多得不知道怎么花了。和许多成功企业家一样，奥米迪亚想到了慈善。

但是奥米迪亚并不满足于传统的家族信托或者基金组织，转而创立了一种全新的推进社会公益的模式：把有限责任公司和 501（c）(3）相结合的模式。这种模式意味着奥米迪亚网络既可以投资非营利组织，也可以投资营利组织，它可以向任何它认为最能创造社会影响的组织投资。奥米迪亚网络组织既发放贷款也进行捐赠，迄今为止，它向市场投放了 4.42 亿美元，它也像风险投资公司一样进行股票交易。总之，哪种方式对企业有利，它就采取哪种交易形式。奥米迪亚网络在市场中选择了一个居中立场，与非营利组织、基金会和蓝筹风险投资公司都保持了密切的联系。

奥米迪亚网络追求的是那种能够一举从源头上解决问题的社会影响力。这比购买药材或者教材要难得多；虽然药材和教材的效果立竿见影，但是社会收益却十分有限。奥米迪亚网络的资金流向那些能够以非传统方法解决社会疑难杂症的企业，帮助它们扩大经营规模。具体到如何实现目标，则完全取决于社会企业家怎样发挥聪明才干。

奥米迪亚副总裁埃米 · 克莱蒙斯说："我们在旧金山的办公室里很难确定哪种方法能够创造最大的社会影响力。企业家看问题比我们透彻。"

奥米迪亚网络看重的是看得见摸得着的成效，而不是营销策略，所以它选择了这种不干涉的方式。看得见摸得着的成效是创新企业回馈给投资者的货币。

2004 年，奥米迪亚网络创立时，慈善界对"社会影响力投资"这个概念还很陌生。只有屈指可数的几个组织在关键时刻给社会企业提供前期投资。它们包括现在举世闻名的草根资本、聪明人基金、斯科尔基金、阿育王基金以及影响力投资先驱者绿色回声组织。

绿色回声组织总裁谢里尔 · 多尔西说："不像营利组织，我们拿不出投资成本回收率来炫耀，收购、上市、兼并均与我们无关。"所以，社会效益是影响力投资领域的货币，是检验企业成败的标准。

d.light是奥米迪亚网络的投资对象之一。它选择了一个别出心裁的方法解决第三世界国家的健康问题——为当地人民提供实惠的小型太阳能灯。

奥米迪亚说："世界上有 1/4 的家庭用不上电灯，有些人选择了煤油灯，还有一些人连煤油灯都用不起。而煤油灯既危害人体健康也污染环境。"

其他组织也注意到了这一点。英国健康保护局认为煤油灯会引发严重肺部损伤。世界银行也曾报道，因为通风条件恶劣，使用煤油灯的危害大于每天抽两包香烟的危害。煤油灯的另一个隐患是容易引起火灾。

d.light公司联合创始人萨姆 · 戈德曼认为太阳能灯泡能够有效地改善这种状况。奥米迪亚认同戈德曼的看法，他设法促成了戈德曼与孟加拉乡村促进委员会之间的合作。孟加拉乡村促进委员会基地位于孟加拉国，长期以来，它致力于普及太阳能灯泡。戈德曼的目标是在 2015 年之前让 5 000 万人用上这种灯泡。奥米迪亚还做过许多类似的工作，通过促成各组织之间的合作，帮助社会企业家发挥创意，为所有利益相关者谋取福利。

社会企业家善于发现解决问题的方法，但是运用这些方法创造社会价值又是另一码事。例如，著名社会企业KaBOOM！致力于解决“游乐荒漠”问题。在世界很多地方，小朋友们找不到安全的玩耍场地。KaBOOM！以建成的游乐场数量为指标来衡量其影响力，截至 2010 年，它已经建成了 1 900 个游乐场。英国伯明翰地区发起了一场名为BeActive的运动，旨在为 110 万市民提供运动场所。活动支持者认为这场活动的效益——医疗成本中节约的费用加上生活质量和生产力的提高，会超过它的成本，带来 4.452 亿英镑的收益。

自从社会效益透明化之后，各类组织尽其所能提高效率。各类组织开始加大对监控项目和评估项目的投入，确保它们的付出可以换来理想的成效。太阳爱迪生公司创始人吉嘉 · 沙阿的目标是 10 亿吨。因为减少 10 亿吨碳排放量才有可能控制全球气候变暖。

沙阿对这个数字十分笃定。他说：“总算有人算出来到底付出多少努力才能取得实际成效。如今，要么我们提前行动，然后一举实现目标，要么什么都不做。如果我们不能实现这个目标，我们的行动就是失败的。如果我们实现了，那我们就算成功了。”

沙阿加入了理查德 · 布兰森的“碳作战室”，他们的目标是筹措足够资金用于开发再生能源，每年至少减少 50 亿吨二氧化碳排放量。他们为减少碳排放计划吸纳了不少资金。沙阿的终极目标是 1 万亿美元。截至 2012 年，总计已筹款 2 600 亿美元。

放眼方法经济，沙阿等造市者以具体目标为参照物来检验进步。为了满足市场需求，一种全新的顾问业务诞生了，它专为企业计算社会投资回报。股民以股价和风险率来决定购买哪只股票，社会影响力投资者希望有一个中立的第三方组织统计类似的数据方便他们决定哪些领域值得投资。自 2010 年创立以来，全球影响力投资评级系统已经为上百家企业和基金提供评估服务。现在，它每年评估的资产超过 40 亿美元。（顺便爆料：德勤是全球影响力投资打分系统的合作方之一。）

公民资本：从资源到货币

“建设更美街区”活动发起人贾森 · 罗伯茨首创了一个改善城市生活的范式。没有借助任何政府力量，罗伯茨和全国各地的民众自发组织起来只为建设更美街区，他们把废弃的临街店铺改造成了宽敞的长廊，小本生意在此兴起，社区生活也因此丰富多彩。

“建设更美街区”活动源于人们对于旧式生活的厌倦以及无处释放的精力。罗伯茨原是一名科技资询顾问，在目睹了欧洲购物中心的林荫大道的喧嚣之后，决意回到家乡达拉斯橡木崖，打造另一种城市风光。当时，大量店面处于废弃状态，汽车而非行人占领了街道。

罗伯茨没有向市政厅求援，而是直接发起了一项倡议，倡导人们采取即时但未经批准的社区行动。他开始四下寻找可供改进的空置建筑。初步调查后，他发现政府颁布了不少落后而费钱的区域法规和条款，比如严禁户外遮阳棚，设立户外咖啡厅座位的处以 1 000 美元罚款。查明许多类似的禁止性条款之后，罗伯茨和其他社区活动者在一个周末逐个触犯这些条文规定。

他们召集了居民、艺术家以及有意在此开店的人，在街道上开拓出一片公共区域开展新型临街店铺模式，他们在废弃的大楼里开办商店和画廊，在户外置放座位，在街道上规划自行车道，不合规的条目将张贴在建筑物的玻璃上。他们还利用社交网络引起了公众的关注，并邀请市政官员和议会代表前来参加街区聚会。出席者知道这些改造纯属违法之后倍感震惊。

于是，许多陈旧落后的规则被废止和更改了，活动中诞生的一个美术工作室甚至获准长期在此营业。其他的企业家也纷纷抢购闲置的临街店铺。

圣安东尼奥市也开展了“建设更美街区”活动，罗伯茨说：“借此机会可以向世人展示市民可以在短期内创造奇迹。有时候人们会觉得我们提出的想法和概念过于抽象，除非让他们置身其中，参与、感受、经历这些活动。”

罗伯茨让我们看到普通市民的潜力。他们拥有无限的创意、精力和热情，只是没有被发掘出来。不靠政府部门和非政府组织的帮助，他们一样能守望相助。

当然，愿意牺牲周末早晨的时间为人民服务的人毕竟有限。对于其他人，我们可以利用奖励方案动员他们为公益奉献一分力量。

再生银行通过积分系统成功调动了人们进行回收利用的积极性。前面我们讨论过，积分机制和礼品兑换也能吸引市民积极参与众包。后面我们还会继续介绍，通过竞赛等活动也能达到同等效果。在得克萨斯州的马诺市，市民可以通过为改善市区出谋划策或者评论其他社区改造举措来获得“内部货币”，这种内部货币可以兑换本地奖品，比如与市长共进晚餐。

奖励方案还可以把市民的时间变成商品和影响货币。时间银行就是一个很好的例子，人们可以通过时间银行用自己的业余时间置换其他人的业余时间。用户可以通过辅导英语或者修理水管等志愿服务赚取时间货币。甲的时间货币可以足额兑换乙的时间货币。目前，美国和英国已有 300 多家时间银行，其会员也数以千万计。时间银行在世界其他 34 个国家也有高达 10 万的注册会员。

互联网消除了许多传统弊端给人际协作带来的束缚，譬如地域的局限。例如，几个世纪以来，美国国务院都要耗费巨资雇用国外办公室公务员。然而，自从开展了“虚拟学生对外服务”（VSFS）计划后，以前专属于职业员工的工作现在交给实习生了，有创意的学生或许比整天待在办公室的外交官更擅长这类工作。实习生没有专门的办公室，他们在图书馆、咖啡厅或者其他任何地方办公。将 177 个项目工作分配给实习生后，美国国务院每年节省了 68 000 小时工作时间和 170 多万美元的财政开支。

公民行动的影响不容小觑。在那些志愿服务氛围浓厚的国家，比如美国和新西兰，40%的民众都参与过不下一个月的志愿工作。整体影响也非常可观：包括在职志愿服务时间在内，欧洲的非营利组织的数目增长了 10%，拉丁美洲非营利组织数量增长了 3%。约翰 · 霍普金斯大学的一项调查显示，在全世界 36 个发达国家和发展中国家，志愿者的服务创造了 630 亿美元的年收益，堪比全球体育用品业总量。

通过许多途径都可以刺激志愿者群体的壮大，开放数据是手段之一。“建设更美街区”活动所有的策略和计划都在网上公布，供其他城市借鉴。开放信息可以火速传播志愿精神，人们还可以相互借鉴成功和失败的例子。

为解决其在发展中国家贷款数据对不上账的问题，美国国际开发署（USAID）采用了与之类似的做法。美国国际开发署决定利用众包处理这堆数据。它通过“待命特遣小组”和“地理信息系统部队”与志愿者取得联系。“待命特遣小组”负责在突发情况中帮助援助机构整理和搜集信息；而“地理信息系统部队”专司地理资讯服务。志愿者负责处理那些个人信息不全的数据。美国国际开发署给他们分配的任务简单，保障整个过程既高效又透明。150 多位志愿者在 26 小时内处理了 10 000 多条记录并且建成了一个简单明了的数据集，美国国际开发署预计处理此项任务要花 60 小时。

美国国际开发署工作人员夏德洛克 · 罗伯茨说："我们交给志愿者的数据都是不能自动处理的，换句话说，这些数据非常混乱、复杂、无序，而且还包含一些地理编码数据。"

后来，美国国际开发署利用井然有序的数据开发了一个用户界面，来自发展中国家的企业家可以借它寻求附近的贷款机会，美国人也可以通过这个界面了解他们的援助对其他国家的影响。对参与这个项目的志愿者而言，或许这是他们生平第一次感觉到政府真的是人民的政府。应美国国际开发署的邀请，他们凝结成了一股力量，一种有真正价值的货币形式，并且为提高他人的生活品质提供了机会。他们走近科技，让世界听到他们的呼声，投入他们的时间为创造社会影响贡献了自己的力量。正如一名志愿者所说："自从参加大学救济站和食物捐赠工作以后，我从未像现在这么激动过。我太喜欢这种活动了。"展望方法经济的未来，公民资本的调动取决于造市者如何动员那些志愿服务积极性不高（不常参与食物捐赠活动）的人才，激励他们在公益活动中施展才华。

数据盛典：开放数据的力量

星期四的早晨，台上站着美国卫生及公共服务部（HHS）首席技术官托德 · 帕克。意气风发的帕克宣布："我们的目标是激活一个生态系统。在这个生态系统下，可利用数据改善健康状况。"

11 所大学举办了观礼派对。上午，清醒的大学生聚在一起，倾听政府官员的演讲。世界各地的人们都在看直播。帕克说："美国把价值连城的数据免费开放了。"他所说的是政府数据，就是那种催生了价值 900 亿美元的 GPS 行业的数据。如今数据成了无价之宝。演讲结束时，台下掌声雷动，经久不息。

欢迎来到健康数据会，它是有序数据的盛典。近期，美国卫生及公共服务部公布了海量数据，同期也开发了一些由开放政府数据驱动的网络和手机应用。

总部设在硅谷的帕兰提尔技术公司开发了一个将病人与临床试验配对的应用。罗切斯特大学也开发了一个应用，它把美国疾病防控中心的发病率数据和相关的推特信息陈列在地图上，以便追踪疾病蔓延情况。另外一个类似的应用可以追踪沙门氏菌的爆发情况。“开发者马拉松”大奖得主玛雅设计公司利用美国农业部的食品环境地图标识出了“食品荒漠”地区（超市和大型杂货店稀缺地区）的实惠蔬菜市场。

如果这些计划能取得成功，就可以挽救或改善许多人的生命和健康，也能提高广大市民的生活质量。帕克说，医疗数据每年可以为美国经济做出几十亿美元的贡献，他希望更多的创新者能够充分利用这种资源。作为雅典娜护理公司和凯斯莱特护理公司创始人，帕克有着一双发现机遇的慧眼。类似的数据盛会把重点放在能源和环境改革上，向人们展示免费公开政府数据的潜在价值。

上个时代，成堆的数据被闲置在档案室里，只有少数的政府官员有机会利用它们。政府最多就是发布一个准备好的打包的统计报告，对于特殊的数据，公民只有付费才能使用。

到目前为止，还有一些政府数据尚未实现数字化，为改变现状，数字化运动风起云涌。不妨回顾一下20世纪80年代政府公开GIS（地理信息系统）数据后的盛况。得益于这次信息公开，市场上兴起了一个新生行业，Google地图用户达3 000多万，近年来，GPS市场销售额保持每年26%的增速。GIS数据改变了许多市民的生活，简化了他们的旅途，他们再也不用浪费时间在汽车后备厢里翻找纸质地图了。GIS与其他互补数据和跨界数据结合时可以带来翻天覆地的变化。

例如，2010年，当海地遭遇地震重创时，救援组织急需地图指引。

Ushahidi和人道公开街区地图等非政府组织联手通过众包开发了一个公开应用，它很快成为搜救组织的首选地图工具。600多名志愿者把航拍地图里的道路和露营地输入计算机程序。他们利用世界银行、雅虎以及日本空间站的数据绘制地图。为表支持，美国军方也提供了它们掌握的地图信息。

搜救组织可以通过手持定位设备参考它们生成的地图。绘图志愿者在受灾地区地图上标识出了难民营和霍乱防控中心所在地。国际组织、非政府组织、志愿者组织以及普通海地民众在灾难中保持了空前的团结，共享信息以拯救灾民的生命。

再举一例,为应对2011年飓风“艾琳”的袭击，纽约局部地区开展了疏散计划。纽约市民纷纷登录政府网站寻求疏散示意图导致服务器崩溃。所幸，纽约市早在一年前就将该信息发布在网上。《纽约时报》、Google以及其他组织利用纽约市政府数据大致重绘出了疏散示意图（非常美观、实用、详尽的地图）为纽约市民服务了一回。纽约市首席数字官员雷切尔·斯特恩说：“只要向民众开放数据，所有问题都将迎刃而解。”

有企业家精神的市民可以利用数据找到实在的方法。内行人能够从犯罪记录、停电报告、腐败账户等蛛丝马迹还原案件真相。现在政府数据的用途远远超出最有远见的政府机构的预见水平。公开此类数据为有能力的组织和个人提供了用武之地。

互联网落地生根后，阳光基金会和透明国际组织等非政府组织一直在敦促政府在网上公开数据。迄今为止，至少有16个国家政府试行过公开数据的举措。几年前，只有为数不多的几个政府的数据集挂在网上；现在，这个数字已经突破百万了。从澳大利亚到肯尼亚，从丹麦到加拿大，各级政府都在开展如火如荼的数据公开计划。

例如，挪威有一家名为“开放数据酒店”的数据搜索论坛，用户可以通过上传数据来交换其他用户提供的数据。世界银行已经公开了 2 000 多种经济和社会指数。联合国组织和经济合作与发展组织（OECD）随后也发布了详尽的数据。开放数据的浪潮已经席卷全球，任何拒绝公开数据的国家都会成为公众怀疑的对象。

然而，要想看到真正的决策透明，我们还得把目光转向南半球。新西兰在修订《警察法》前夕将法案上传至维基百科，邀请市民按照自己设想的方向提出修订意见。政府工作人员搜集和整理这些意见，并将民众的看法反馈给议会。此举表明数据交换是双向的：政府向民众公开数据，民众向政府反馈意见，无形中提升了政府倾听民意的能力。

当然，不是每位市民都能驾驭海量数据。政府提供的数据越混乱，跨度越大，当权者与普通市民之间的数字鸿沟就越难以跨越。

南印度卡纳塔克邦政府在Bhoomi计划中吸取了这个教训。早先它开展了一项前所未有的数据开放活动，意图实现 2 000 多万土地所有权的数字化。铺天盖地的信息在互联网上泛滥，可惜只有少数富裕的投机分子有能力利用它，因为不是所有人都请得起律师来提起所有权争议。轰轰烈烈的活动最终还是破产了，这场运动启示着后来者在公布数据前要三思而后行。

为了让所有美国人都有机会利用政府数据，奥巴马总统上台第一天就签署了《开放透明政府备忘录》。该备忘录要求联邦政府通过应用程序编程接口（API）公开数据。应用程序编程接口把网站的服务封装成一系列计算机易识别的数据接口开放出去，供第三方开发者使用；这无疑为企业利用开放数据造福大众扫清了道路。美国代码公司创始人珍妮弗·帕哈卡说："现代人认为政府的问题不在于组织僵化，而在于没有为集体行动提供足够的平台。"

帕哈卡把美国代码公司称为"怪才俱乐部"。公司专门聘请处于职业发展中期的软件工程师，促使他们与政府合作，在市政管理工作中发挥才能。

为了加入美国代码公司，许多人不惜大幅减薪。申请加入美国代码的人数之众（前 20 个职位吸引了 362 人申请）表明：只要相信自己有能力改变世界，怪才们就愿意为社区做出经济上的牺牲。这也是为什么帕克选择了美国卫生及公共服务部。政府正好可以利用这种创业心理：以施展才华的平台和鼓励创新的机遇而不是高额薪金来吸引济世之才。对于那些一成不变的机构而言，转型不易，但是无数成功的案例无一不暗示着文化转型的必要。

帕哈卡说："这表明，政府可以模仿互联网的模式，而不是效仿私营公司或者科技公司，来优化它的结构。它要求政府做到完全不设限，向所有公众开放，鼓励各种可能性。"

美国代码公司一名波士顿职员留意到人们在铲雪时总是忘了清理人行道上的消防栓。于是他们开发了一个名为Adopt–a–Hydrant的应用，鼓励用户清理消防栓上的积雪，以备消防之用。因为这个应用是完全开放的，其他市也予以借鉴。檀香山市利用这个应用动员市民检查海啸预警系统上的电池，西雅图将其用于清理雨水沟，芝加哥市利用它组织志愿者开展铲雪活动，还有 5 个城市也在积极探索这个应用的其他用途。

这些开放数据是一种有价的货币；有了它，市政厅不必从头做起，因而节省了不少财政开支。开放数据还让市民肩负起社区责任。帕哈卡说："众人拾柴火焰高。我们要做的只是为公众搭建一个合适的平台。"

美国政府举办了一场"黑客马拉松"大赛，希望借助市民的力量来修补地方政府网站漏洞；自那以后，市民编码广泛流行开来。美国代码就是一个全国性的市民编码机构。政府开始意识到，只要把合适的数据送到市民的手上，他们就能从数据中开发出宝贵的资源。

最后，如帕哈卡所说，"不是每一个信息都要反馈给政府。如果政府能促成市民互助，那么我们可以拥有更多的创新性和可规模化的服务"。

这就是开放数据的力量，它是 21 世纪不可或缺的货币。只要政府向公众敞开数据之门，共享信息可以促成集体行动，有时能带来巨大影响。

量一量货币

开放数据

2012 年，英国公共部门信息对于生产商和直接用户的价值约为 16 亿英镑。

名誉无价

古往今来，利用个人名誉提升社会地位的现象不胜枚举。几百年以来，结交名门望族都是树立口碑和施加影响的捷径。家财万贯但出身卑微的商人正好与家道中落的名门闺秀通婚，这种佳话在英国 19 世纪的小说和现实中都屡见不鲜。

正式的书面借款和买卖合同是近来才有的事。在发展中国家的许多地区，名誉始终是生意往来中的王牌。哪怕现代经济中有再多的诈骗案件，名誉也没有丧失强势货币的地位。

树立口碑有很多种方式。在发达国家，名誉有许多代名词，譬如名校文凭、名企职位、高档住宅。但是今时今日，对于几百万发展中国家居民而言，树立和利用口碑也有很多新颖的方式。

以小额信贷和手机银行为例，在它们的帮助下，无数贫困人口能够树立口碑并且利用这种口碑营造经济利益。Kiva组织是世界上规模最大最有创新精神的小额信贷平台之一，它旗下有一个名为Kiva Zip的试行项目。一般而言，向Kiva组织借贷得通过一个小额信贷机构的介绍。然而，在Kiva Zip项目中，只要有信托人的背书，贷款人可直接从投资方获取无息贷款。信托人是Kiva组织在当地挑选和培训的合伙人。

信托人的背书信息完全公开，任何潜在的投资者都可以加以评论。

大学校长也许会为优等生背书，商会领导人也可以为企业家的实力作担保。其他人可以在Skillshare、Yelp、Etsy等点评网站上评论这些公开的信息，他们的评论可能会成全或者损害这些羽翼未丰的企业。这类点评网站有助于把名誉兑换成金钱。

Kiva董事长普雷马拉尔 · 沙阿对Kiva Zip项目信心十足。他认为这种模式可以取代传统信用评分系统，把那些以前银行不接受的资源纳入金融市场。他说："小额贷款是金融界的优势业务。Kiva Zip是Kiva的优势业务。"

一些经济学家认为名誉始终不如现金好用，因为名誉交易涉及双方的利益。如果Kiva信托人为借贷人背书，而借贷人无故违约，双方的名誉都会受损。因而，名誉不是一成不变的，相反，它会因个人表现而受到影响。

可是双方遭受的损失并不对等：借贷方也许只是蒙受财产损失，而背书人的名誉受损却更为严重。事实上，名誉损失对企业的打击比财产损失的打击要大得多。这也是为什么多数企业倾向于规避投资风险，而不敢冒险采取创新方法。

幸而这种风险如今有人分担了。出于经济和信誉的考量，一些银行会愿意为首次公开募股的公司背书。如今，公私合营以及众筹可以为投资方分担不少风险。

此外，高新科技也把名誉变成了可数名词。一个人的背书也许无足轻重，但是群众的情绪（无论他们的情绪体现在Yelp本地企业评分还是亚马逊用户评论中）加起来会产生不可估量的影响，这种影响力强过任何一种精心策划的营销策略所能达到的程度。

以上论断经得起现实的检验。随着社交网络的普及，情绪分析迎来了它的黄金时代。数以百万计的消费者公开发表他们对卖家积极或消极的评价，这些评价会影响其他人的决策。Google搜索或微博上常见的负面评价会给企业名誉带来致命的打击。以前消费者对商家的看法只能在小圈子里传播，而如今，任何一个可以上网的人都可以将他对商家的看法广而告之。消费者也越来越意识到每笔买卖都是一次投票。

成功的品牌营销不仅是向消费者推销产品，还能宣传企业的价值取向。星巴克明白它卖的不只是咖啡，还有舒适感。星巴克集团首席执行官霍华德·舒尔茨曾说过，消费者要的是“享用咖啡的浪漫，以及星巴克咖啡厅的温暖和归属感”。耐克公司的首席执行官菲尔·奈特也曾一语中的，他认为耐克的目标是“通过运动和健康提高消费者的生活品质”，而不仅仅是卖鞋。那些愿意把远大抱负转化成优质用户体验的公司拥有更高的品牌忠诚度和回报。

于消费者而言，选择什么样的产品代表他们自身的审美以及价值观。雅皮士选择可生物降解的纸尿片，嬉皮士痛饮冬菇茶，一举一动无不宣示他们的价值取向。消费者把购物经验晒在脸谱网和照片分享网上，对公益事业的支持可通过公开的人脉关系来传递。每一笔买卖背后都跟随着一种平行的交易。以前，商品是一种身份的象征，如今商品是社会价值观的投影。消费者在追求产品效用之余还希望实现公共利益最大化，“美国服饰”（专为美国人设计的非血汗工厂服饰）和“品木宣言”公司洞悉了消费者的心理。

发展中国家垃圾处理问题的新思路

说服投资者接受一个全新的垃圾处理方法绝非易事，哪怕这个方法能够造福垃圾成堆的贫困社区。垃圾处理行业生存状况十分残酷，充满了健康和环境风险。只有足智多谋的人才能获取足够的资源来颠覆废物处理业。好在名誉、社会效益、信用额交易等资源也能当钱使了，施行新办法不至于成为无本之木。

其中的酸甜苦辣，恐怕只有社会企业家帕拉格·古普塔最懂。他动用了所有能够利用的资源，把印度泛滥的垃圾变成了社会财富，同时改善了印度人民的卫生条件并且拉动了印度经济的增长。古普塔曾在嘉信基金会和世界经济论坛结识了不少顶尖社会企业家，他注意到多数社会企业一个明显的缺憾：规模过小。这些社会企业致力于解决各类社会疑难杂症，这些疑难问题影响着几百万人的生活，可惜多数企业只顾得上少数的几个社区。除小额信贷之外，鲜有遍布全国的方法。古普塔开始寻求可规模化的方法解决社会问题。做足了充分功课的他发现垃圾处理是发展中国家面临的最严峻的挑战之一。

古普塔说："当我们将固体垃圾作为一个整体来看，就会发现它是个大问题，必须加紧处理，它不仅关系到当地人民的健康和居住环境，还会影响全球气候变化。"

为了检验他的新型经营模式，古普塔在印度创办了废物处理合资企业。印度城市每年产生 4 000 万吨垃圾，而政府和承包商只处理了一半。余下的垃圾全交给了由 150 万拾荒者组成的非正规经济团队。拾荒者搜集并且筛选垃圾，把那些可回收的垃圾卖到偏远地区，有时这些垃圾里还有少量比较新鲜的食物。2010 年，一项调查结果显示，世界各地有 1 500 万人以拾荒为生。

拾荒可以解决底层人民的最基本的温饱需求，也能为市政府减少垃圾处理负担。然而，拾荒者的生存环境十分恶劣。他们终日混迹于乌烟瘴气的垃圾堆，每日收入不过 1.5 美元，过着食不果腹的生活。拾荒者子女在鞋油和松脂油的气味里艰难度日。他们父母的平均寿命不过 45 岁。拾荒者与政府唯一的互动就是警察对他们的拳脚相加。即便如此，印度许多垃圾仍未得到清理。

古普塔与沃顿商学院和哈佛商学院联手展开了以垃圾处理公司为对象的调查，结果令人震惊，几乎没有一家垃圾处理公司拥有完备的垃圾处理配套解决方案。一些企业专精于堆肥化处理，其他企业一心回收。大多数企业都留意到拾荒者的人权问题，但是它们只是专注于垃圾处理这一环节，并未在其他方面实现任何突破。由于企业家目光短浅，当地垃圾回收业利润低下，规模化前景堪忧。古普塔创办废物处理合资企业以求改变现状。

作为启动资金的社会效益

废物处理合资企业从基金组织、社会影响力投资者和瑞典政府国际发展署筹得启动资金，帮助拾荒者组建垃圾处理公司。公司通过培训这些拾荒者，教会他们利用高端技术和规范做法从垃圾中获取最大价值。拾荒者们再也不用在堆积如山的垃圾中寻找财富，他们直接上门收集生活垃圾，这样既能保障他们的安全也可以提高堆肥和回收效率。废物处理合资企业通过这种经营模式成功提高了拾荒者的健康状况和生活水平，改善了当地环境，优化了市政卫生系统，可谓一举多得。

废物处理合资企业为自己设定了一个具体的目标，并用它来衡量企业的进展。它的目标是：拾荒者收入增长两倍，减少80%垃圾堆积，降低温室气体排放量。古普塔认为追踪这类社会效益十分有必要，因为“这关系到我们作为企业的财务能力”。这种成功衡量指标可以引导整个垃圾处理行业走安全、兼容、赢利的垃圾处理道路。这是影响力投资者喜闻乐见的结果。

名誉优势

用古普塔自己的话说，凭他一己之力绝无可能引领整个行业转向。要是没有之前打下的人脉基础，闯入一片陌生的领域会遇到难以想象的困难。古普塔早期的名誉就是一种货币，为新的合伙关系、职业贵人、专家团队奠定了基础。

古普塔迅速意识到，在印度垃圾处理行业单打独斗是导致失败的重要原因。所以废物处理合资企业一开始就与拾荒者团体展开了合作，这些拾荒者团体一般是当地的非政府组织。后来这些非政府组织在动员社区居民和杜绝腐败（印度的腐败问题非常严峻）活动中发挥了很大作用。古普塔调查当地环境和建立重要合伙关系的工夫没有白费。前期的准备活动帮助废物处理合资企业取信于合作伙伴，也为将来规模化合作打下了基础。

环境和底线的分值

废物处理合资企业的回报周期很短。得益于联营堆肥，拾荒者可以赚取碳信用额，因而有了新的创收机会。如今，除了可回收利用的废品，拾荒者组织还可以售卖生物肥料和碳信用额。再加上每个家庭每月缴纳的 1 美元垃圾处理费，废物处理合资企业的利润率比该地区其他垃圾处理企业利润率高 4 倍。

当地的环境也有了显著改善。沼气（一种温室气体，其对环境的危害是二氧化碳对环境危害的 23 倍）的排放量大大减少了，在以前那种垃圾成堆的情况下，沼气极易发酵。根据病假情况和疾病暴发率等指数来看，拾荒者的寿命将持续延长。拾荒者的收入也翻番了，他们正在向收入再增一倍的目标迈进。

开支以外的因素

在这一章里，通过无数的案例，我们可以看到方法经济如何催生新的公共价值测量标准。当各类组织开放数据后，人们可以从中创造实际的价值。公民投入在公益活动里的时间和心思可以计量并且交换了。社会企业家以可持续发展的方式应对社会顽疾，他们创办的社会企业为金字塔底层人民带来了看得见的实惠。哪怕一家企业规模再大，在公益活动中积攒的名誉仍能给它带来巨大的优势。从前无价的公共利益现在越来越有价了，不仅有价，还可用于分享。

在这样一个多维的环境里，政府再也不是唯一的货币发行机构了。美元、欧元、日元或许还会继续统领全球资本市场，但是越来越多的新型交易（第五章会详细介绍）把更多的新式货币纳入市场，鼓励市民就他们手头上的资源进行广泛交易。越来越多的投入启示我们：新式货币可以满足传统货币和政府等大财团所不能满足的需求。

新式货币概览

核心理念

要理解方法经济的运作模式，我们需要刷新货币观念。方法经济里的价值创造和价值交换以各种新颖的方式展开。我们处在一个新型货币（譬如社会效益和政府数据等无形货币）爆炸的年代，它们能够刺激人们以新的方式创造公共价值。越来越多的造市者将这些新式货币创造性地用于其他领域，他们的合力有利于这些新式货币升值。

新式货币

- 信用额：信用额可以充当交换媒介、贮藏手段和价值尺度。
- 社会影响：以教育质量和健康水平的提升为例，有时努力换来的成果很难测量。测量和鼓励公共价值的方法越多，就能吸引越多的资源解决社会问题。

- 公民资本：时间银行、微型任务、积分制激励平台等将公民时间从公共资源转化为商品。
- 数据：数据运用得当可以产生几十亿美元的价值，政府是首要数据来源。
- 名誉：社会对名誉的重视促使企业积极参与公益活动，因为品牌就是金钱。此外，社会企业家可以利用他们的名誉换取所需资源。

惊人数字

- 碳信用交易额市场总值达 1 760 亿美元。
- 全球影响投资评级系统每年评估的资产超过 40 亿美元。
- 全球志愿者服务价值达 1.3 万亿美元。
- 近年来，100 多万个政府数据库向公众开放。

影响货币交易案例

- 理查德 · 布兰森的“碳作战室”投资研发新能源以减少碳排放量。
- 美国政府发布了地理信息系统数据，催生了价值 700 亿美元的GPS市场。
- 全世界 34 个国家里有十多万普通老百姓通过时间银行交易志愿者时间。
- 阿拉斯加的捕鱼配额使渔民得以交换公共物品，类似于碳抵消。

新式货币“工厂”

- 奥米迪亚网络向社会效益投资，以资本换取社会效益。

- 美国政府向善于利用数据的公众开放数据。
- 美国代码生产开放代码，借助公民志愿者创造公共价值。
- Kiva Zip以非正式名誉代替信用评分，将名誉纳入附属担保范围。

挑战

新式货币市场不断衍化，参与者须谨慎对待货币管控。早期碳信用额交易因滥用而声名狼藉。

思考题

你有想过志愿者时间和名誉也能成为货币吗？你如何利用这些货币与其他组织建立合作关系来为你所在的组织和社会公众谋福利？

THE SOLUTION REVOLUTION

How Business, Government, and Social Enterprises Are Teaming Up to Solve Society's Toughest Problems

第五章 公共价值交易

匹配资本和需求的新平台

以下哪种方式更能检验学生对特定主题的批判性思维技能和知识掌握程度？

a. 选择题

b. 论述题

所有人都知道正确答案是后者。可为什么高中生每学期只用写 3 篇论文呢？原因是给论文打分的成本太高了：每批改一篇论文会耗费 2~3 美元的师资成本。把这个基数乘以几百万名学生，数字就大了。所以老师只能退而求其次，选择不那么能说明问题的选择题，因为选择题容易打分。

选择题考试可以在各个领域内推而广之。学生只需用 2B 铅笔涂满选项框，电脑就可以自动评分。可要是有一种电脑能像老师一样给论文打分呢？

2012 年春季，威廉与弗洛拉 · 休利特基金会赞助了一场奖金为 10 万美元的竞赛活动，鼓励参赛选手开发论文打分算法系统。基金会与卡歌网合作，调动全球数据科学家的智慧。卡歌网是一个互联网数据分析交流平台，它专门举办各类预测建模竞赛。

竞赛从为数据打分开始。卡歌网给每位参赛者提供几千份来自全国各地的手动打分论文。参赛者利用三个月时间来设计一个可以自动“审阅”论文和为论文评分的软件引擎。与教师评分结果最相近的作品胜出，得奖者可以获得一笔不菲的奖金和可炫耀的资本。

10 年前，类似于卡歌网的组织踪迹皆无。把一群理科怪才聚集到一起并组织他们开发程序解决现实问题是网络朋克的做法。如今，它不仅落地生根了，还成为方法经济里不可或缺的要素。

卡歌网是安东尼 · 戈德布卢姆智慧的结晶。安东尼本来是一位年轻的澳大利亚公务员，在一次征文比赛中，他赢得了在《经济学人》杂志社实习三个月的机会。实习期间，他对大数据和数据挖掘技术产生了浓厚的兴趣。此前，他也曾在澳大利亚财政部接触过数据分析，但当时他对此无感，毕竟当时数据分析不过用于预测失业率等抽象指数。然而，在《经济学人》那里，他看到了数据分析有改写游戏规则的潜质。

在安东尼眼里，数据分析有着无穷无尽的潜力。但同时，他也注意到有两种因素在制约数据分析的发展。其一，即便是最成熟的企业也难以评估数据科学家的实力，因为实力往往与他们的分数和所学课程无关。其二，数据科学家需要利用数据改进技术和检验成果时总是得不到他们想要的数据。

回澳大利亚后，安东尼自学了编程技术，之后创办了卡歌网，重振了全球算法系统交易行业。卡歌网针对具体数据问题举办竞赛活动，选拔最精准的预测模型。

2012 年举办论文打分竞赛时，卡歌网已发展成为拥有 17 000 多位来自计算机科学、统计学、计量经济学、数学和物理学等领域的数据科学家的网络交流平台。它举办的各类竞赛在多个领域内取得了进展，其中包括悉尼高速公路行程时间预测模型以及预测艾滋病病毒扩散情况的基因蓝图。竞赛活动是卡歌网最引人瞩目的创新之一，它吸引了成千上万来自世界各地的数据科学家解决具体的社会问题。

安东尼说："如果你一个人预测交通，那你很可能经历几次失败之后就半途而废了。激烈的竞争可以促使数据科学家咬紧牙关再坚持一段时间。"他也注意到来自不同学科的参赛者因为对彼此没有先入为主的观念而获益颇多。他们无须绞尽脑汁判断一个试图打破常规的怪人到底是天才还是疯子——比赛结果能说明一切问题。

美国、英国和欧盟空间站联合赞助了一项卡歌网竞赛，主题是测算暗物质如何导致星系影像失真。比赛开始一周之内，来自剑桥大学的冰河学家马丁·奥利里利用卫星地图技术设计了一个绘制暗物质空间图的算法系统，取得了天文学研究领域10年未有的突破。后来其他参赛者，包括来自加州大学的天文学家二人组合，通过改善算法系统，在决赛中淘汰了奥利里。但是白宫充分认可奥利里的成果，它宣布"地球上的冰河学研究深化了我们对宇宙的理解"。奥利里在天文学领域取得的实质性突破为他赢得了3 000美元奖金。

来自新加坡的精算师泽维尔·科诺特说："竞赛的好处是它通常没有经验门槛。"科诺特预测出破产者通常是在申请破产保护两年前遭遇财务危机的，他的预测结果有助于改良信用评估系统。"人们只看最后的预测结果，所以竞赛是一个很好的学习新知识的平台。"

卡歌网利用全球排行系统和实时排行榜等简洁高效的游戏机制吸引了大量参赛者。科诺特说："当看到熟悉的人名出现在排行榜的前列时，我就按捺不住想要参赛的冲动。"

卡歌网成功的关键在于现实因素。当被问及为何会参加论文评分竞赛时，奥利里说："我喜欢那个主题，因为它很有趣。除了分析数据之外，我还能收获很多别的东西。"

竞争催生合作。背景迥异的参赛者自由组队，打破学科界限，碰撞出思维的火花。在任何一场竞赛中，你都可能看到数量分析专家与商业专家还有俄罗斯的物理学家通力合作为美国国家航空航天局排忧解难，或者像奥利里这样的冰河学家研究起句法学。卡歌网的交易模式加速了跨部门合作的进程，活动主办方只需花费较低的成本即可接触几千位世界顶尖专家资源，节省几个月甚至几年的研究与开发时间。

不过有时竞赛的奖金也相对较高。以遗传保健大奖为例，一家健康维护组织提供 300 万美元的奖金，奖励参赛者开发出能让医疗保险供应商在紧急情况发生前对病人进行救助的算法系统。参赛者利用前期保险索赔数据预测病人入院的可能性，奖金作为对获胜模型知识产权的补偿。在这个案例中，300 万美元的投资不仅可以帮助保险供应商省出 300 亿美元浪费在不必要入院服务里的开销，还可以挽救成千上万人的性命。

休利特基金会的论文评分大赛 10 万元的投资换来了数倍的成效，还诞生了一个精确打分的算法系统。马丁 · 奥利里在个人组排名第 6，与大奖失之交臂。最后，一个由美国国家气象局数据分析师、英国物理学家和德国研究生组成的团队夺魁，他们中没有一个人从事教育工作。

这种交易中并不存在买家和卖家。它代表着一种新的程式：一个算法系统加上以数据和名誉等新式货币为媒介的虚拟社区验证了众包的力量。

新型交易模式

卡歌网调动世界各地数据科学家的能力展示了第四章里提到的两种新式货币（即数据和名誉）的强大引力。许多公司和政府部门在数据的海洋里迷失了方向。反而参赛者亟须这类数据，卡歌网为他们提供了海量真实数据以及施展抱负的舞台。营利性组织和非营利组织以及政府部门通过卡歌网将数据分析外包，而参赛者借此机会也能培养技能、交换意见和检验成果。此为理想的 21 世纪新型交易模式。

对于那些放弃高薪加入美国代码的软件工程师而言，新工作带来的创意授权和社会影响等收益远非金钱所能比拟。对于参赛者而言，接受挑战的刺激、影响社会的机会以及随着成功而来的炫耀资本（更不用提就业前景了）能带来比奖金更大的满足感。

新式交易模式对方法经济的重要性不言而喻。它们是调动各类资本以可大可小的规模解决社会问题的秘密武器。

互联网技术的进步拉近了人与人之间的距离。今时今日，美国20%的恋人关系和17%的婚姻关系都是eHarmony和Match.com等婚恋交友网站一手促成的。来自蒙特利尔的历史爱好者可以通过eBay拍下闲置在慕尼黑地下车库里的柏林墙砖块。身处纽约的投资银行家可以通过Catchafire网站（类似于eHarmony的网站，专为技能娴熟的职业人士和非营利组织牵线）找到市场调查志愿工作的机会。

维基百科、eBay、脸谱网及其他平台搭建了用户网上社区并且扩大了资源共享领域。其他用户的正面回复能够激励人们进行深度互动，这一点对于拓展网络社区和维持用户互动积极性至关重要。聪明的组织者明白人们怎样通过线上交流表达社会和事务需求，他们会想方设法促进这种交流。约翰·哈格尔和约翰·西利·布朗解释道，用户通过虚拟社区结识陌生人并且建立实际联系时也能为服务提供商带来收益，这种现象俗称为“共同创造”。例如，乐高集团越来越依赖它的网上粉丝团，它不仅从用户那里获取设计灵感，也让用户参与设计。卡歌网通过“卡歌前景”项目效仿了这种做法，让各类组织就价值创造等问题在网上征求专家意见。通过鼓励知识共享，脸谱网和推特等社交网络帮助陌生人建立信任，进一步营造了分享型文化氛围。

《协同消费》作者雷贝尔·博斯曼（她创造了“协同消费”一词）说：“我们从被动的消费者变成了积极的创造者和活跃的合作者。”博斯曼说的是汽车市场的急剧转型。我们之前也提到过，在短短10年内，新型交易模式已经彻底改变了买车需求，催生了ZipCar等汽车共享平台、拼车服务平台以及最新的P2P（个人对个人）汽车租赁。

新型非物质性货币在日常交易中自由流通。Catchafire以人的特长等无形物为交易对象，而碳交易以具体的环境影响为交易对象，P2P系统以名誉为交易对象。沙发冲浪（用户可以通过沙发冲浪浏览其他用户的资料和评论，为陌生人提供免费食宿）等服务变得和订酒店、叫外卖一样稀松平常。事实证明，许多人都欢迎陌生人前来做客，当然前提是这些陌生人足够友善、热情和有趣；他们可以在沙发冲浪评论中检验陌生人是否具备这类品质。一位沙发冲浪用户告诉我们："沙发冲浪是科技和信任珠联璧合的产物。"这个平台可以自我维持，用户和用户反馈越多，它的影响力和覆盖面就越大。

概而言之，新型交易模式为需求方（"顺风车"需求、旅行需求或者求助需求）和供应方（不管是出于何种原因：乐趣、利益或是纯粹无私奉献精神）牵线。它们以创新方法把资本和资源导向最需要的项目和群体，能够产生最大的社会效益（见图5–1）。

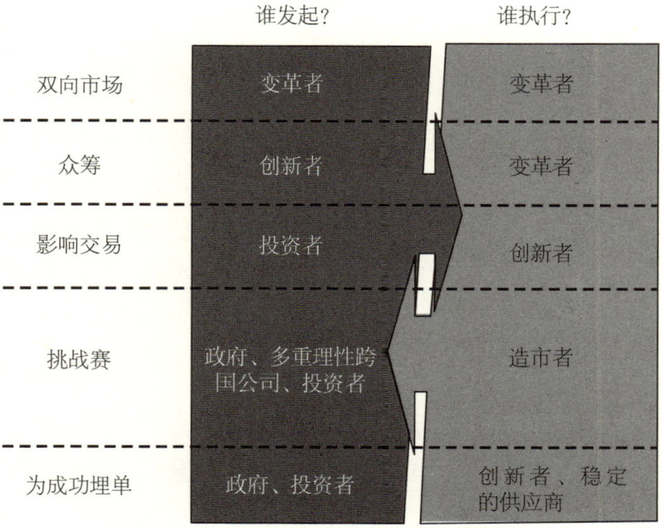

图5–1　公共价值交易

许多新型交易模式联通了借用人和非传统借出人。要不了多长时间，众筹会像银行贷款一样常见。Kickstarter 等众筹网站平台通过投资获取早期收益并展示它们对项目创意的肯定。2013 年 1 月，Kickstarter 开展了 83 000 多个募款项目，成功率接近 44%。这些项目总计筹得 4.64 亿美元资金。资本通过亚马逊付款流向需求方。

在汽车共享和志愿服务等案例中我们可以看到，公共价值交易打开了广阔的公民资本市场（时间、才干、有形资产等），通过分享和交换这些资本，人们可以在不给政府增加负担的前提下满足公众需求。新型交易模式也打入了商界。约翰内斯堡证券交易所就是一个很好的例子，它第一个发布了社会责任投资指数，为环境和社会达标企业提供认证。

从维修小区公园到降低世界婴儿死亡率，为解决社会问题整合和调配资源的新方法正在火速扩散。

双向市场

几百年来，市场传承了传统的制造业经营模式：生产商制造产品然后出售给批发商，批发商再转卖给零售商，零售商又卖给消费者。每笔买卖都是买方和卖方博弈的结果。

然而，近来经济学家们发现双向市场和双向网络已然诞生。在双向市场里，一笔买卖可以联通交易双方，如微软游戏机（Xbox）联通了游戏发烧友和游戏设计者、克雷格列表联通了房东和房客、空中食宿（Airbnb）联通了旅社和旅客。

双向市场不像传统交易市场，它为商家和顾客提供直接联系，而且安全有保障。它通过规范交易和保护协议吸引客户，同时减少了交易的周折。

例如，eBay 拉近了买家和卖家的距离。为确保最基本的服务标准，它让买家给卖家打分。为方便买家购物，它还有内部搜索功能。服务质量和搜索功能这两种特质随着参与者的增多而渐入佳境：参与者越多，它们对交易双方越重要。要是市场上卖家足够多的话，没准你就能买到1992年的冰球运动员埃里克 · 怀德罗斯的新人卡。大量的用户评论有助于你选择一个值得信赖的卖家。要是到货后发现买到赝品怎么办？你可以通过eBay客服索赔。

成功的双向市场会对一方进行补贴，制造出一个赢利方和一个补贴方。例如，搜索引擎是对广告商而不是搜索用户收费。

随着互联网和移动设备的普及，双向市场欣欣向荣。前面提到的拼车服务就是这种市场的缩影。例如，Lyft公司开发了一个手机应用，用户可以通过这个应用获取附近注册司机的地理位置以求搭一趟顺风车，由Lyft搭台，司机和乘客分摊通勤成本。司机可以获取一笔费用补贴油价，还能走高速顺畅车道。而乘客可以享受到安全、可靠的旅途，无须承受有车的烦恼。提供平台的企业也可以在交易中获取提成。

西蒙 · 梅因沃林在新书《我们领先一步》中写道："把权力转交给消费者和普通市民，不是一时心血来潮，也不是高新科技的昙花一现，这显然是现代数字世界最基本最持久的特质，而且它将决定未来资本主义走向何处。"

双向市场解决社会问题的实效不只体现在交通上。在这样一个科技日新月异的年代，掌握的技术很容易就过时了，双向市场能为人们提供再培训服务。长期以来，政府为解决失业问题不惜重资打造再培训计划，可惜效果并不显著。美国审计总署对47个职业培训项目进行了评估，它们每年总计花费180亿美元。审计总署发现"自2004年起，只有5个项目能够提供影响研究，证明成效来自该项目而非其他"。

英国的职业培训计划也面临类似指责。国家审计署表示，英国政府出台的培训计划"承载了许多人美好的期许，但这些期许很有可能会落空"。

双向市场给出了迥然不同的答案：不妨让市民互相培训。拼车平台为司机和乘客牵线，同理，双向市场也能为那些能够提供培训的人和需要培训的人搭桥。事实上，不计其数的初创企业为想要交换专长的人搭建了平台。

Skillshare和School of Everything 以及TeachersPayTeachers等教育培训公司懂得：授课的最佳人选通常是刚精通此课的人士。德里市的初创企业SkillKindle把面授课程应用到了网上教学中。它旗下的面授和网络课程涵盖了从英语第二语言等传统学科到编写程序等现代课程的所有领域。

阿维·弗洛波姆原是纽约一家小型初创技术公司的首席技术官，辞职后转投Skillshare门下做全职培训讲师。2012年，他赚取了10万美元课时费。他的成功表明了市场对技术性人才和人才培养的刚需。程序员出身的阿维强调，因为市场有需求，所以Skillshare才会设置大量技术培训教程。

阿维的事例证明了教育培训公司可以填补知识鸿沟。他说："你在大学里学不到怎样开博客。传统的教学在科技领域严重滞后，因此Skillshare看准时机，弥补了这部分缺憾。"

毋庸讳言，双向市场也有局限性。P2P培训虽然能帮助学员掌握技能，却无助于失业人群再就业。时至今日，它尚不具备传统再就业培训和学徒计划所拥有的人脉关系网。

不过，双向市场已经走上正轨。我们在第三章里提到过的Udacity网上公开大学为学员提供曾经专属于传统高校的就业指导。Udacity与20家企业建立了合作关系，学员可以选择是否向这些公司投递简历。虽然Udacity不是完全意义上的P2P平台，但它与Skillshare和SkillKindle有很多相似之处。说不定什么时候P2P平台就会引进此类就业指导服务。用人单位极力争取早日吸纳优秀人才，专供高端技术的平台自然也就走在了培训队伍的前列。General Assembly网络课堂和面授课堂学员在被合作企业录用后可获得全额学费返还。

政府部门必须慎重考虑如何监管双向市场，否则极有可能引起民众抗议。监管者已经在想方设法管理Airbnb和Uber等双向市场新秀。网络教育，尤其是再就业培训，注定要接受政府的严格监管。明尼苏达州直接规定：在注册登记前，未经授权，高校不得开展课程时代（Coursera）等公开在线课程项目。这条禁令只维持了一天，免费网络教育非法化条款引起了民众的不满，立法者不得不废止它。官方的用意在于确保非正式经济的交易安全，但是这种过激的反应会阻碍双边市场的发展。

下一步创新：众筹+众包

假设你获悉某偏远贫困地区的水产养殖在满足当地人民营养需求的同时给当地带来可观的收益。此前，你基本上没有什么机会进行投资，而且你大概也不太愿意把钱投向千里之外。但是有了Kiva这类小额信贷组织后，任何有互联网和小额资产的人都可以向世界各地的企业投资。迄今为止，130多万Kiva用户已经向世界69个国家的创业者发放了4亿美元贷款。

Kiva不会参与贷款项目管理，而且对具体项目没有特别的偏好。它把自主权交给投资者个人，并且为他们担保。各地合作组织会审查借款人信息，借款人的借款和还款记录会上传到Kiva平台上，以此确保贷款项目的公开透明。

因为Kiva拥有庞大的借贷客户群体，而且其贷款数额通常较小，所以它敢于向那些传统企业所不愿投资的地区发放贷款。Kiva董事长普莱姆·阿沙表示，塞拉利昂等战后地区的还款率极高，表明这些地区的局势比人们预想的要稳定，这对其他组织有借鉴意义。

无意于向高利贷机构求援的企业家更青睐Kiva这类平台，他们可直接向投资者募资。这类众筹项目让社会企业家有机会接触到心怀天下且有能力改变世界的公民团体。

较之传统投资者而言，众筹投资者与其投资项目的利害关系更紧密。社会影响与经济收益驱使他们勇往直前，这又是一种新型的货币形式。由于这层利害关系，众筹投资者通常扮演多重角色，他们既是客户，也是产品测试者，也是焦点团体，更是非正式营销人员。大多数的众筹计划从熟人网络开始，创业者先向熟悉的人借款，随后扩大这个网络。

例如，利比亚 14 年内战结束后，More Than Me公司计划在当地培训和雇用利比亚女性。当时它缺乏起步资金。公司创始人凯蒂 · 麦勒尔没有申请贷款，而是直接向熟人借款。

凯蒂说："我不知道怎么向大型机构借钱，但是我认识上百位对我们公司有信心的人。"志愿者付出了时间和经验，其中有一位甚至写了企业策划书。她没有向某位财力雄厚的投资者借款，而是想出了一个金点子向熟人借款。这个后援团是More Than Me公司最强势的货币，也是公司迈向成功的关键。

政府是众筹平台的第三方，它通过立法规范众筹行业。例如，2012 年的《创业企业扶助法》简化了中小企业在美国证券市场上市的程序，统一了全国众筹的管理规范。该法案允许急需资金的企业向公众发行股票筹资，此前法律明令禁止这种筹款方式。它降低了中小企业进入美国资本市场的准入门槛。这一条款赋予了初创企业更多的自主性，使它们在上市之前拥有更多的时间完善企业经营模式。

众筹平台迎合了出借方的利益。Sellaband向歌迷募集资金来发行新唱片，并且鼓励粉丝为这些唱片做宣传。Emphas.is向公众募集新闻摄影调查，把新闻记者从编辑的约束中解放出来。“群体崛起”慈善平台通过社交网络发动群众赞助慈善事业，在突发情况下，把资金引向有需要的人群。科学家可以通过研究之门（ResearchGate）向公众募集科研资金。

WeFunder公司联合创始人迈克尔 · 诺曼认为，众筹完美地解决了日渐增长的市民需求与严重滞后的政府资源之间的矛盾。他强调，众筹是“有能力自给自足并且扩大规模，但与风险投资明显不同的社会企业”的首选。因为这类社会企业致力于解决重大社会问题，并且“能够引起广泛共鸣”。

更有甚者，如今粉丝团也能转借了。“当红博主”只需随手分享一个链接即可将其人脉网络转借给众筹项目。斯蒂芬 · 科尔伯特把这种现象称为“科尔伯特泵”。黄丝带基金会开展了一项救助伤残军人的慈善活动，科尔伯特把该信息分享给粉丝后，基金会就收到了 35 万美元善款。这种活动与传统的名人代言有何不同？关键在于前者的速度和范围远非后者所能比拟。《芝加哥论坛报》报道， 2005~2011 年，科尔伯特的粉丝共计为慈善活动做出 350 万美元的贡献。

全世界至少有 56 个国家开展了众筹交易。目前，巴西的Catarse.me正为里约热内卢的贫民窟募集就业计划资金。拉丁美洲的Idea.me平台（类似于Kickstarter）已从阿根廷和智利扩展到了墨西哥。

2013 年，全世界众筹平台总量达 536 个，相比 2007 年增长了 5 倍。其交易量也引人注目：2011 年总计筹款 15 亿美元，共赞助了 100 多万家初创企业。2013 年众筹总交易额有望突破 30 亿美元大关。这些数据里面还不包含广泛动员群众投身公益的非政府组织活动，它们也是慈善行业里的主角。政府也不甘落后，开始涉足众筹领域。费城等城市创立了众筹平台，为当地绿化和公园维修等计划募集资金。

然而，在目睹了一些负面事迹后，早期投资者开始提高警惕了。他们表示Kickstarter项目听起来很不错，但实际上回报周期很长，甚至有时根本就没用启动。研究表明，Kickstarter上75%的技术项目和设计项目没有在计划时间内完成。Kickstarter没有对这种批评掉以轻心。为了防止投资者流失，它要求项目策划人将没有如期开展的项目资金退还给投资者。

下一步的创新该是众筹和众包的结合了，例如群众投票、群策群力等形式。华盛顿特区的Popularise公司邀请居民对废弃建筑物的用途进行投票，帮助开发商和区域规划者倾听民意。公司创始人本 · 米勒说："Popularise是21世纪的社区大会。"

Popularise理念可能预示了众筹和众包携手时代的到来。Popularise为Fundrise开路，后者是一家初创房地产企业，它允许居民投票和购买房地产开发股权。iStrategy Labs公司总裁彼得 · 科比特说："把公共空间的众包与创新理念的众筹结合起来，我们就成了新型业主。"

影响交易：为投资者和企业搭桥

我们已经了解众筹平台怎样引导普通老百姓为社会企业投资。可是，2011年通过众筹平台募集到的那15亿美元放到全球股市里简直不值一提。哪怕经济再疲软，全球股市交易总量也能轻取457 000亿美元。不过，社会投资的比重正在上升。

如今社会投资市场朝气蓬勃。投资者利用资本获取收益的途径也越来越多样化了，与此同时他们还能为那些有社会责任心的公开交易企业打气，后者在投资市场中占有10%的份额。社会责任投资基金会（即出于社会考量而排除特定行业或企业的基金）数量从1995年的55家激增至2012年的700多家，其市场份额也从原先的120亿美元涨到了现在的1万亿美元。

投资者能从容地向有社会责任意识的企业投资，很大程度上得益于公司透明度的提升。此外，一些股票交易要求上市公司达到特定社会和环境标准，它们的崛起也是另一个原因。例如，南非的约翰内斯堡证券交易所和巴西BM&FBOVESPA交易所一直在敦促上市公司提高责任管理和可持续发展能力标准。巴西交易所中的翘楚在Novo Mercado精英排行榜中也占有一席之地。此外，公共部门也积极运用社会影响债券（SIBs，一种新式投资项目，后面还会详细介绍）杠杆投资市场环境。

尽管市场呈现一派和谐之态，不同的社会责任投资基金在社会影响规模上仍然相差甚远。毕竟单纯防止企业损害社会与积极促成企业造福社会之间有着本质性的不同。

幸而集社会投资与金融投资于一身的新型投资模式横空出世了。传统的投资市场在走两个极端。一方面，尽管企业是否能达成目标和偿还贷款尚有许多不确定性，众筹给草根投资者直接向企业投资的机会；另一方面，社会责任投资虽然能给投资者带来较多的经济效益，但它把小企业拒之门外，而且社会福利效果也不甚明晰。在这两个极端之间存在着第三条路：向社会企业注资的影响力投资，它能够在产出显著社会效益的同时向投资者回馈一些经济收益。

测算社会效益绝非易事。很多情况下，用于评价传统投资的财务比率和名誉评价很难照搬到社会影响力投资领域。社会衡量影响力投资的标准各不相同：小额贷款也许侧重于经营效率和受惠群体等指标，而分发滤水器的非政府组织可能更加青睐于以洁净饮用水产量为标准，太阳能公司又倾向于以温室气体减排量为参照物。与其说测算社会效益是客观题，不如说它是主观题。

位于新加坡的亚洲影响力投资证券交易所（IIX）在创办后的第一个年头通过一对一匹配投资者和社会企业筹到了7 000万美元的资本。英国的智囊团Nesta认为聪明的金融顾问是“把英国大量散户投资者基金导向影响力投资的守门员”。一笔单独的交易可能回答不了这样的问题：这种投资适合我的资产配置模型吗？这是公益吗？这种投资的风险有多高？金融顾问能替投资者解答此类难题。在影响力投资语境下，这类问题很难有统一的答案，因为社会效益和财务收益之间的界限被人为地模糊了。

影响力投资也因时而异。解决社会问题需要耐心，但是为孩子上大学攒钱需要灵活性。亚洲影响力投资证券交易所为此类投资者打造了一个流动市场，客户可在网上进行社会企业债券和股票交易，以此确保社会影响力投资的安全。

好在社会影响力投资者都明了其中包含的风险和复杂性，只要能够随时掌握企业动向，他们都乐于接受一个较长的收益周期。当证交所为用户提供此类信息时，投资者可以对各种社会企业的社会影响力进行横向对比。

投资信息定期更新是集中式交易的另一个长处，它与上市公司向纽约证券交易所提交的季度收入报告类似。投资者可以借鉴此类信息和评估货比三家。

股票交易新产品“使命市场”（在双重底线和三重底线公司中占有价值3.36亿美元的股份）要求企业提交第三方出示的评估、评级或证书。为了迎合市场的需求，全球影响投资评级和分析系统以及福利企业认证应运而生。

随着全球影响力投资的蓬勃发展，社会影响与经济效益之间的矛盾可以调和了。例如，通过RSF社会投资基金会（由RSF社会融资公司赞助），中等收入的母亲也能向小型可降解纸尿片生产企业投资了，在创造社会效益的同时还能收获经济效益。由于影响力投资者甘愿接受低于市场平均水平的回报，在过去的10年里，RSF社会投资基金会实际上已经超越了标准普尔公司。像RSF社会投资基金会有200多家，它们的交易总值高达 500 亿美元。

即便社会影响力投资有上述进步，目前的市场还是满足不了早期社会投资的需求。魔立特集团的同人说这是“先驱者鸿沟”。魔立特集团在非洲展开了调研，发现 84 家基金会中只有 6 家基金会为企业提供早期资金。许多人认为开拓边缘化人群市场的时机尚不成熟。

另一方面，对于像格洛丽亚 · 内伦德（前德意志银行高管）这类果敢的投资者而言，先驱者鸿沟就是行动的号角。格洛丽亚说：“我大概调查了 30 家对外宣称是社会影响基金或者致力于传递社会影响的基金会，所有的受访对象都异口同声地说，吸纳资本是最大的难题。那时我就想，没准可以利用我的背景和经历扩大社会影响力投资的规模。”格洛丽亚放弃了投资银行工作，转而创办了特里林克全球公司（TriLinc Global）以及资产 15 亿美元的全球影响力基金会。

特里林克全球影响力基金会以主流人群为服务对象，在一个中产阶级影响力投资需求被忽略的市场里，此举可谓承前启后。格洛丽亚认为现状很讽刺：“我们（社会影响力投资行业）一边说要解决‘中产阶级缺席’问题，一边又抬高投资准入门槛，将中产阶级拒之门外。”特里林克一反传统，将最低投资额调至 2 000 美元，为广大投资者打开了发展中国家社会企业的大门；这些企业都经过特里林克严格筛选，基本上能够满足 7%的年利润。在金融市场萎靡的年头，这种大动作足以令不熟悉影响力投资的人群瞩目。

格洛丽亚说：“我们可以通过类似于传统投资产品的影响力投资产品来改变市场现状。我们愿意为影响力投资的拓展做铺路人。”

社会影响力投资交易日趋成熟，特里林克以及其他基金会势不可挡，方法经济市场也呈一片欣欣向荣之势。据摩根大通公司预测：截至 2020 年，社会影响力投资市场总值最低可达 4 000 亿美元，最高可达 1 万亿美元。

不论普通老百姓还是顶尖科学家都可以通过参与各种社会问题解决大赛来加入方法经济大潮。

公共价值比赛

2010年4月20日，墨西哥湾“深水地平线”号钻井平台发生爆炸。巨大的火焰吞噬了四分五裂的钻井平台，消防队员争分夺秒地转移了100多名钻井工人。海量石油呈巨浪之势倾入海洋。

“深水地平线”号钻井平台每天向墨西哥湾倾泻250万加仑石油，导致当地渔业几十亿美元的损失。这类事故引起了人们对深水钻井的担忧，墨西哥湾至少有35个钻井平台在离水平面1 000尺的深水区开采石油。显然，提升油污清理技术迫在眉睫。

于是有了温迪·施密特油污清理极限挑战赛，鼓励能人异士为油污清理出谋划策。挑战赛宗旨很明确：把石油开采行业油污清理的最佳成绩提升至2 500加仑/分，把石油开采效率提高70%。这个目标非常具有挑战性。

挑战赛吸引了350个参赛团队，其中有两个团队达到了这个苛刻的标准。伊莱斯特/美国海环公司最终夺魁，它设计出了一组设备，将一排带齿旋转磁盘浸入水中，通过转盘吸附黏稠的石油，在石油落水前将其清理干净。这套设备的原理与浮动联合收割机类似，它每分钟能清理4 670加仑石油，几乎是原来最佳成绩的4倍。

出人意料的好成绩就是竞赛活动效用的铁证。奖金和挑战赛能够招揽各行各业的能人异士，还能促成他们以独特的方式鼎力合作。

市场上已经涌现了许多公共价值创新挑战赛，譬如恩赛因集团旗下的Eprize大赛以及美国高效率能源汽车大赛。比赛策划者只需拟定一个挑战目标，提供一笔奖金，然后就可以退居幕后看各路豪杰各显神通。

方法经济的繁荣离不开挑战赛，因为挑战赛把问题带到解题达人面前，填补了传统买卖关系经营模式的漏洞。《纽约时报》记者蒂娜·罗森堡注意到，比赛项目能够调动那些经常被忽视的解题达人，譬如高校研究团队。而且大奖赛不像专利那么严苛，前者可以甄选出那些不能立即获得市场效益的创新方法。

大奖赛比传统政府采购业务更划算。前者以方法经济独特的运作模式消除了传统模式的弊端；政府采购倾向于购买方法，而大奖赛直接购买成果。政府采购业务更青睐持有传统证书和有过获奖纪录的参赛者，而大奖赛向所有人敞开大门，因此为社会问题献计献策的人口基数更加庞大。

另外，大奖赛还能促使参赛选手之间的意见交流，而这一点是传统研究与发展项目做不到的。在公开大赛中，选手可以参考借鉴彼此的创意，譬如卡歌网主办的暗物质大赛中天文学家团队完善了冰河学家的模型。虽为竞争，实际上也促成了合作。

不是所有的问题都可以诉诸挑战赛，但是通过挑战赛可以取得意想不到的好成绩。即使没有获奖的模型也能推动一个行业的进步。奖金 1 000 万美元的安萨里极限挑战赛刺激了来自 7 个国家的 26 个团队向航天行业投资 1 亿美元，这类投资将加速火箭燃料到座椅安全带等航空技术的进步。在方法经济里，10 倍的投资回报已经不足为奇了。

美国政府把大奖赛广泛应用于各种领域。Challenge.gov 网站创办于 2010 年 9 月，联邦政府可以借助这个平台举办挑战赛。网站上线两年内，48 个政府机构举办了 212 个比赛活动，总计颁发了 3 400 万美元的奖金。

优秀的竞赛设计标准是放之四海而皆准的。佐治亚理工学院的国家政策研究员卢西亚诺·凯认为成功的大赛首先要有一个目标，这个目标要有噱头、有挑战，并有可能实现。不是所有的问题都适合用比赛解决。比赛活动发起人应当把问题描述得很清楚，以便在选拔冠军时做到毫无争议，同时又要为各种创新方法留有余地。用美国国家航空航天局工作人员简恩的话说，就是要为特定的问题寻求不特定的解决方式。

优秀大奖挑战赛所具备的素质

- 向所有人开放
- 能够以跨学科方法处理
- 有挑战性
- 目标简单，潜在方法多样
- 能够让失败者可以改进
- 鼓励开放源代码迭代
- 有吸引天使投资人的潜力

国家航空航天局工作人员乔 · 帕里什和贾森 · 克鲁萨考察过无数的挑战赛。他们的看法和卢西亚诺一致，他们认为比赛的目标应该是“一口气描述得清楚的问题”。就他们的经验来看，要是一个目标能够广泛适用，参赛者除了达成比赛目标之外还能创造别的价值，那么其他企业也想要分一杯羹，因为它们希望保留知识产权。国家航空航天局举办的比赛活动为选手提供的不只是奖金，还有创新以及与创新方法共同进退的机会。

据《华尔街日报》报道，反对者认为“最近的大奖赛是披着公共服务外衣的广告和剥削顶尖学术人才的高招”。但有时公共服务需要的正是曝光率，好比美国退伍军人事务管理局通过公开竞赛的方式引起了人们对“蓝键医疗服务”的广泛关注。

话说回来，单靠一群发明家不足以撑起整个科学界。美国高效率能源汽车大赛工作人员艾丽卡 · 瓦格纳说：“大奖赛对于发展基础科学毫无益处，我们国家需要坚固的科学基础设施。”但是，挑战赛为解题达人创造了一个与社会问题共舞的平台，它强力推进了世界各地人才的鼎力合作，为可观的社会效益埋下了伏笔。

NASA开放创新挑战模式

NASA开放创新活动在创意中心等平台上发布大赛宣言，最大限度地吸引来自各种学科的方法。

为了应对预算削减，NASA开展了开放创新活动。2005年，其星座计划预算削减了45%，约翰逊航天中心生命科学理事会主管杰弗里·戴维斯坦言："少做45%的工作不可能完成约翰逊航天中心的使命。我们要以一种全新的方式来运行这个项目。"

2009年，航空航天局的前三个挑战赛收到了来自65个国家的1 217份回应。航空航天局最终决定从报名者中筛选128个参赛者。挑战赛的目标分别是：将食物的保质期延长至3年，为太空活动设计防失重机制，预测太阳活动以便航空航天局在发射火箭时将辐射降到最低。航空航天局的挑战赛在多个领域取得了突破。例如，"绿旗挑战"提高了飞机燃料利用率，突破了每加仑20客英里的行业标准。获胜者取得了每加仑406客英里的好成绩。前4名参赛者为研发超节能型飞机总计花费了500万美元。

乔·帕里什是航空航天局喷气推进实验室副主管，据他估算，NASA每在大奖赛中投入1美元即可节省3美元研发成本。他说："我们向绿旗挑战投入了最少的经费却换来了最大的成就。"

为成功埋单

唐卡斯特监狱距离伦敦只有1小时火车车程。从外面看，它与其他监狱没有什么区别，一样的宏伟、壮观、单调。然而，走进去之后你就会发现，它既像职业培训中心又像社区活动中心。亮色的标语随处可见，写着“以人为本”等温暖感人的口号。里面的墙壁一律是蓝色和橙色打底，上面贴满了“音乐剧之夜”海报，还有观看话剧《奥利弗》的签名表格。向往舞台的服刑人员有机会在“二次人生电影公司”工作。它是一家专门为“墙内”人群服务的社会企业，经营戏剧、电视、电影和平面设计等业务。

电影公司和其他组织被安置在回归社会中心，获释前，服刑人员将在此度过他们在监狱里的最后三个月时间。回归社会中心是外部社区在“围墙”内的翻版。个案专员策划各种培训项目、就业准备计划以及回归社会服务，做这些工作是为了确保服刑人员获释后不会再误入歧途。唐卡斯特监狱这种做法与传统的狱政管理系统有很大的不同，在此之前，把回归社会的重任全然抛给获释人员是行业惯例。

唐卡斯特狱政服务外包给了信佳集团，为了降低累犯率，政府与信佳集团约定根据实效支付酬劳，最终的目标是在不刺激犯罪的前提下减少服刑人员数量。能否实现降低5%累犯率的目标决定着信佳集团是否能从政府那里获取10%的酬金。这意味着，如果没有实现既定目标，信佳集团会损失250亿英镑的收入。往小处说，这是个大胆的尝试。

唐卡斯特监狱监狱长助理肖恩·梅森说：“公共服务并不便宜。要是用错了方法，其成本更高。”

唐卡斯特监狱计划只是这盘大棋里的一步。英国政府正在大胆尝试将一系列公共项目（从再就业服务到青年服务再到罪犯改造等公共服务）的支出与成效挂钩。

新的交易模式自然也就应运而生了。为成功埋单（也称按实效支付报酬）的交易模式为社会效益买方（通常是政府、基金会、国际发展署、企业慈善家）与方法供应商牵线，帮助买方实现了从传统合同价金到社会成果酬金的转变。这种模式与大奖赛类似，招徕了大量供应商、创新方法以及新型经营模式。

英国政府研究院工作人员汤姆·加什说："现在，公共服务供应商面临的束缚少了。按实效支付报酬方法催生了一系列新型经营模式。"如此一来，为成功埋单成为开拓社会效益市场的重要举措。

为成功埋单机制打破了传统部门利益划分格局，使得社会服务供应商在试错后迅速摒弃无效的措施。如果供应商善于从错误中吸取教训，这些暂时性的错误对他们是有利的，前提是他们能在截止日期前改进技术取得突破。为成功埋单不仅是一种创举，也是创新的源泉，为各种创新方法奠定了基础。

为成功埋单并非新概念。然而，早期的为成功埋单举措受制于种种现实因素，例如缺乏客观度量方法、取得实效周期过长、特定组织与实际效果之间的关系难以把握，凡此种种，不一而足。英国政府在各种试点实验中系统性地克服这种难题。

以度量方法为例，此前，政府财政开支多属后视性而非前瞻性。预防犯罪比惩治犯罪要难得多。再回到唐卡斯特监狱的例子上，服刑人员会遭遇各种监狱同人的消极影响，必须通过积极的引导来消除此类消极影响，积极的引导措施可能包括个性化职业培训以及维持服刑人员与外部世界的良性互动。

通过立法手段调整狱政计划和条件须经过大量繁文缛节，而且许多法案很难奏效。而如今，有了为成功埋单模式，政府可以把自主性和风险转交给公共服务供应方（非营利组织、承包商、社会企业）。英国政府就是依据具体实效来决定承包商酬劳，要求信佳集团降低5%累犯率就是一个很好的例子。这种条件式酬劳支付方式是信佳集团与政府合作的动力。

在为成功埋单模式中，最大的难题之一就是设定具体标准。投标过程中，必须避免非正当激励因素，而且要做到一视同仁，不能只顾优质候选人而忽略其他候选人。合同约定的目标须考虑实际国情（例如经济衰退），且这类目标应当具备实现的可能。

英国司法部工作人员安东尼娅·罗梅罗说："拟定合同时须事无巨细，以免出现任何意外情形给双方带来不必要的财务负担。"这也是为何彼得伯勒监狱（英国政府另一例为成功埋单实验）也以累犯率为标准支付承包商酬劳。

公共服务供应商在试行可能有效的措施（例如早期介入儿童发展）时存有诸多顾虑，其原因在于无论最后结果如何，他们不能保障长期稳定的资金来源。罗纳德·科恩爵士是一位风险投资家，长期以来一直为社会企业而奔走。他说，非营利组织想要发展，但是"资金波动幅度太大以至它们不能茁壮成长"。

孵化场公司（The Hatchery）创始人黄尧说，就目前的情况而言，"美国大部分非营利组织每年筹到的资金不过 50 万美元"。全国上下共有 180 万非营利组织。按照这种低效率，它们都有存在的必要吗？不，它们的工作有太多不必要的重复，工作效率高的组织应当得到更多的资金。

前文中提到的社会影响债券为资金不稳定、社会成果与实际酬劳不相称以及非营利组织过剩等问题提供了新思路。有了这种债券，个体投资者可以购买社会企业针对具体社会目标而发行的股票，例如有针对性地降低社区辍学率。如果任务达成，投资者可足额收回其投资款项；如果任务失败，投资者蒙受部分经济损失；若超额完成任务，投资者可以赚取一笔可观的利润。如此一来，通过发行社会影响债券保证了长期稳定的资金链，同时把风险分摊给政府（为社会效益埋单的一方）、投资者（愿意为社会效益投资的一方）以及供应商（实现社会效益的一方）。

亲眼见证过为成功埋单模式的人对社会影响债券信心百倍。1996年，明尼苏达州通过了一项旨在帮助失业人员重新上岗的为成功埋单计划（最早的一批）。得到政府资助的非营利组织RISE!向州政府回馈了624%的经济效益。现在，明尼苏达州又试行了一项价值1 000万美元的人力资本绩效债券计划，希望复制并放大1996年的成功。为达目的，州政府号召慈善家、民间富豪、各类基金会前来分担此次投资和风险。

具备营利能力的社会计划都能招徕新的投资者。例如，高盛投资公司向纽约市旨在降低10%累犯率的计划投资960万美元。如果顺利达成目标，高盛公司可获得足额资本返还；如果没有达成目标，高盛公司将亏损；如果超额达成目标，高盛公司将赚取210万美元即21%的收益。

高盛公司和其他投资公司乐于接受这种风险和收益，尤其当这类投资涉及公共利益时。这样，社会影响债券以其利国利民的社会效益凝聚了大量利益相关方。政府只为成功的项目埋单，而且它可以参照之前设定的指标来衡量项目的成效。

为成功埋单模式能促使企业家、私营公司、非营利组织以及社会企业为了共同的既定目标而通力合作，并且营造共同利益。出资人越多，就越有创新的可能。

唐卡斯特监狱最近又开展了一个“父亲日托”计划，让服刑的父亲有机会与孩子见面。安东尼娅 · 罗梅罗希望为成功埋单模式能够催生更多此类创新。她说：“让服刑人员与家人团聚是降低累犯率的制胜法宝。看似温情的措施最能降低累犯可能性。把公共服务外包给承包商的好处是他们可以放开手脚展开此类创新。”

总部设在英国的Ingeus公司与政府达成“按成效支付酬劳”协议，旨在帮助失业人员再上岗。Ingeus首席执行官迪安 · 詹姆斯说：“达到预期目标和产生实际效果比任何历届计划都更具挑战性。”公司不会因接手每位客户而获得酬金，而是在客户维持一项工作 6 个月以上才能获得超额报酬。有时我们也把这种方法称为“黑箱”，即在实现预定目标过程中，承包商拥有高度自主权，不会受外界干扰。

詹姆斯说：“这种模式迫使我们思考如何让再就业事业焕然一新。它鼓励各种标新立异的问题解决方法。”例如，在日常工作之余，求职顾问会为客户联系P2P团队，帮助他们分享、咨询以及交流经验。

大社会资本：做市商

一直以来，风险投资公司为其投资对象提供两种资产：资金和高明的建议。前景光明的初创企业可以从风险投资者那里获得启动资金和事业指导，这两种资源能够帮助初创企业一飞冲天。一旦向初创企业注资，风险投资公司会积极引导投资对象走向成功。

但是，初创社会企业去哪儿找这种贵人呢？传统的风险投资公司忙于赚取利润，无暇顾及其他。致力于传播社会福祉的社会企业哪怕前景再光明也入不了风险投资者的法眼。

不过在方法经济里，情况有很大的不同。大社会资本（Big Society Capital）是一家私人经营的基金组织，资产总额达 6 亿英镑，自称为“史上第一家社会投资市场开拓者”。计划负责人尼克·奥多诺霍说：“我们的使命在于开拓社会效益市场。”奥多诺霍原是摩根大通公司投资银行家，后受聘于英国政府主持这个承前启后的机构。

大社会资本由私人经营，对董事会负责，其资金来源于被收归国有的银行休眠账户。它的宗旨是为社会企业提供资金和指导，推动英国社会投资市场的发展。

它通过金融中介机构进行三种投资：购买社会影响债券、给向社会企业注资的基金会投资或者向支持社会投资市场架构的金融中介组织直接投资。例如，大社会资本赞助的一种社会收益债券向英国就业和退休保障部投资450万英镑用以解决利物浦的年轻人失业问题。这项名为“特里多斯银行新起点”的计划意图在三年内通过一对一指导和其他接入模式改善利物浦3 900名年轻人的行为和就业前景。

奥多诺霍说：“如果他们能够解决利物浦4 000名年轻人的就业问题，那他们就可以把这种模式推广到其他三四个城市中。他们就是以这种方式扩大规模的。”如果新起点计划成功，大社会资本就会再向类似模式投入更多市场建设资本，而年轻的弱势群体也能够成为对社会有用的人。

大社会资本还是社会投资市场里的批发商。它不直接向社会企业投资，而是向金融中介公司投资，再由中介公司向社会企业投资。此类中介公司亦称为社会投资金融机构，它们包括社会银行、非银行社会投资者以及援助供应商。作为一个整体，它们代表了一种新型金融市场，为社会影响力投资者和急需资金的社会企业牵线。奥多诺霍希望大社会资本最终能够促使英国各类组织就共同的社会效益目的展开合作。

在英国以及世界各地，为成功埋单模式还在开疆拓土。奥多诺霍说：“5年之内，会有更多的公民、投资家以及金融中介机构参与传递社会福祉。我们的目标就是实现社会效益投资和传递领域的沧桑巨变。”

为成功埋单模式正在席卷全球。2012 年，奥巴马总统在年度预算提案中力推价值 1 亿美元的为成功埋单计划。哈佛创新实验室的 Instiglio 团队与发展中国家就提高入学率、扩大洁净水源以及普及金融知识等问题展开磋商。奥米迪亚网络向英国社会财务有限公司注资，以便在爱尔兰、苏格兰、澳大利亚、加拿大和以色列拓展社会影响债券业务。

崭新的方法经济框架就这样瓜熟蒂落，物质性和非物质性货币并驾齐驱，不断创造奇迹。新型市场和交易模式把非实体因素（譬如名誉）也纳入了市场机制，既创造了经济效益，又带来了社会影响。

公共价值交易概览

核心理念

影响货币流通于各种方法经济新型贸易市场。借助互联网技术，这些新型交易将各类资源和社会问题带到了解题达人面前，以此推进公共事业的发展。

交易类型

- 双向市场为买家和卖家提供直接联系，通常由一方补贴另一方。
- 众筹平台直接从广大投资散户处集资，为社会企业家与有社会意识的公民牵线。
- 影响交易运作于传统和专门股票交易市场，既支持社会企业，也回馈投资者。
- 大奖和挑战赛招徕社会各界英雄才俊，将问题呈现给解题达人。

- 为成功埋单（也称按实效支付报酬）交易模式为社会效益买方（政府、基金会、慈善家等）与方法供应商牵线，实现了从传统合同价金到社会成果酬金的转变。

增长曲线

- 2013 年，全世界众筹平台总量达 536 个。
- 出于社会动机拒绝特定行业或企业的基金会数量从 1995 年的 55 家激增至 2012 年的 700 多家。
- 社会责任投资占总投资市场份额的 10%。
- 据摩根大通公司预测：截至 2020 年，社会影响力投资市场总值最高可达 1 万亿美元。

交易加速器

- P2P 平台使合作交易成本骤降，鼓励人们进行知识共享。
- 第三方评估、评级或证书（全球影响投资和分析评级系统以及福利企业认证）保障了影响交易安全。
- 新式衡量尺度的横空出世催生了为成功埋单交易模式，依据历史数据设定交易目标并依据实际效果支付报酬。
- 社会影响债券分摊了社会项目的投资风险。
- 社会投资金融中介组织为社会责任投资者和急需资金的社会企业组织牵线。

交易创新者

- 卡歌网：承办数据主题竞赛，由主办方提供数据集，最准确的预测模型胜出。

- Kiva：世界上最大的小额贷款机构，只要有网络连接，任何人都可以在此平台上向世界各地的企业投资。
- Skillshare、School of Everything、TeachersPayTeachers：利用P2P交易为用户提供网络教育和培训服务。
- 使命市场：股票交易新产品，在双重底线和三重底线公司中占有价值3.36亿美元的股份。
- 特里林克全球：影响力基金会资产达15亿美元，为“主流”投资散户与社会企业家牵线。
- Challenge.gov：联邦政府可以借助这个网上平台举办挑战赛。
- 大社会资金：英国政府赞助的私人经营的投资基金组织，它为社会企业提供资金和指导。

思考题

你在日常生活中见过上述新型交易吗？哪些组织进行这些交易？它们实现目标了吗？你认为上述交易模式有需要改进的地方吗？

第六章 生态系统

为最棘手的问题而生

就传统思维而言，所谓企业经营无非是发现供不应求的领域，然后迅速填补市场空缺。可要是根本就不存在需求，更没有市场呢？要是潜在的消费者一贫如洗呢？传统思维会告诉你就此打住。

然而，就方法经济而言，制胜秘诀是在更大的生态系统里发挥效用。一切问题的答案在于创造一个环境，在有利可图的前提下把方法系统地、持续地推向市场，哪怕从传统的视角来看根本无谓市场需求。这听起来像天方夜谭吗？联合利华就是这么办的，它就是运用这种办法解决了困扰印度的公共卫生问题。联合利华的成功展示了生态系统对于方法革命的重要性。

有时，最佳解决方案就像一块肥皂一样简单。痢疾每年夺走150万儿童的生命。在导致5岁以下儿童死亡的诸多病因中，它位居第二。其实早在几百年前人们就知道破解这种灾难的办法：勤洗手等基本卫生习惯可使痢疾发病率减半。古巴比伦年代的人都知道肥皂的功效。

遗憾的是，世界上有10亿最贫困人口用不上这种最基本的生活用品。对于许多人而言，他们的财务状况（有12亿人的日收入低于1美元）无法支付肥皂开销。还有一些人根本就不清楚肥皂的消毒和清洁功效。

这类消费者处于商务策划师普拉哈拉德和斯图尔特·哈特所说的全球经济金字塔底层。如前所述，除了向人道主义救助组织销售产品外，传统企业总是忽视金字塔底层人民的需求。在偏远贫困地区拓展业务的企业一般都会血本无归。那些发达地区人们视为理所当然的市场特色，例如杂货店、药店、卫生用品零售商店等，在许多其他地区无迹可寻，也从未有过营销部门调查金字塔底层人民这群消费者的特殊需求。

联合利华的子公司印度斯坦联合利华（以下都称为联合利华）闯入了这片真空市场。多年以来，联合利华公司一直是贫困人口市场中的佼佼者，它采用了特殊的营销策略，在多数国家打开了这片难以开拓的市场。在向印度农村地区销售肥皂时，联合利华公司发现了“蓝海机遇”，即一片广阔的未被开发的市场。2000 年，为了抓住这个机遇，它调整了经营策略。要打开印度 6 亿低收入人群市场就必须打造一个完整的生态系统。由于其产品有助于解决严重的公共卫生问题，联合利华公司得以与许多非政府组织、银行、学校展开合作，为印度农村地区供应清洁用品。在赢利之余，联合利华公司通过提供小额贷款和工作机会将一些女性从贫困之中解救出来，不仅改善了当地公共卫生和健康条件，还借助教育活动加强了公众的健康意识。

联合利华公司的营销活动起初规模较小，借助于当地女性企业家这一有机网络，在印度农村地区开展了市场计划。它与小额信贷机构合作，为当地女性销售代表开放了信贷额度。如果一位女性销售代表能够借到一笔小额贷款并把它用来购买联合利华生产的肥皂，那么她可以把肥皂转卖给她所在村庄的其他村民。每卖出一块肥皂，她可以从中赚取 7% 的提成，如此一来，在偿还贷款之余，她还有稳定的收入来源。罗迦玛是一位企业家新秀，她说：“当我丈夫离开的时候，除了女儿，我一无所有。可是现在大家都认识我了，我也算是大人物了。”

联合利华的市场计划不仅为罗迦玛这类女性提供了工作，满足了当地基本卫生需求，还把自己的销售网络推广到传统方法不能触及的地区。当年只有 17 人的销售队伍如今吸纳了 45 000 位销售人员，她们的客户数量高达 300 万。联合利华公司在斯里兰卡、孟加拉国以及一些非洲国家的销售计划也风生水起。

普拉哈拉德和哈特认为跨国公司应当“为抓住金字塔底层的机遇设计出一种组织结构”。联合利华把这种洞见付诸实践了。除了雇用当地非传统销售人员之外，它还专为当地人民设计了“车轮牌”肥皂。由于穷人常在河里洗澡，为减少环境污染，“车轮牌”肥皂含油量较少。此外，考虑到许多人买不起大块肥皂，“车轮牌”肥皂通常体积较小，价格低廉。普拉哈拉德和哈特认为，联合利华公司“为充分利用印度农村地区的劳动力资源，实现了整个生产、销售和分配过程的分散化”。

为了打开市场，联合利华的“救生圈”品牌赞助了 Swasthya Chetna（意为健康意识觉醒）活动，它是当时世界上规模最大的私营卫生教育活动。2008 年，联合利华支持的非政府组织在世界 100 多个国家展开了第一届“世界洗手日”活动，并就此活动与 19 个国家的 50 多个组织展开合作。在活动中，学生学会了肥皂广告歌，还宣誓要常洗手。许多人到现在还保持这种习惯。

健康意识觉醒活动旨在让印度 20% 的人口（约 2 亿印度人民）明白上过卫生间后要洗手的常识。两年内，150 个说 7 种方言的外派小组走遍了 18 000 个村庄，与当地人民分享关于卫生的课程、海报以及文学作品。为了确保卫生观念深入人心，他们又重访这些村庄，对好的卫生习惯予以嘉许，并且补充了一些卫生知识。

外派小组的宣传活动包括戏剧表演、洗手示范以及介绍细菌的概念。他们让小朋友用手抓粉末（充当污垢和细菌），再用清水洗手。看似一干二净的手在紫外光的照射下显现出了粉末的痕迹，这些痕迹在光线下闪闪发亮。然后，他们再重复此实验，不过这次用肥皂洗手。再用紫外光照射的时候，粉末消失了，也不再闪光了。就这样，他们让当地人明白了看起来干净的手不一定真干净。这场营销活动总共只花费了270万美元。

联合利华的研究合作伙伴检验了这场营销活动的成效，他们甚至在肥皂里安装感应器以记录实验对照组的洗手习惯。同时，他们还检验了洗手行为本身的成效，发现勤洗手的人痢疾发病率降低了48%，眼部感染案例减少了46%。

痢疾平均每天夺走6 000个儿童（大部分是5岁以下）的生命。联合利华公司知道它在挽救儿童生命中的功劳。即便如此，联合利华公司的哈珀利特 · 辛格 · 提布说，它仍是商业活动。

哈珀利特说："Swasthya Chetna不是慈善活动，而是带有公益性质的营销活动。我们深知公司业务的发展与消费者的健康密切相关。"整个营销过程困难重重，联合利华的目标客户是那些不知道自己需要肥皂、买不起肥皂以及买不到肥皂的人。为克服这种困难，联合利华公司不得不大幅度调整经营模式，适应当地习俗以及市场挑战，并与多数非传统合作伙伴联手。它打破了传统的买卖范式，开创了一个全新的生态系统，维持了供给和需求，最后获得成功。非政府组织为活动策划贡献了它们的文化专长，并且赋予联合利华活动以合理性。科学家们对公共卫生活动的效益进行了评估。银行和非政府组织为当地居民提供了小额贷款。政府机构把联合利华的项目引进校园并帮助宣传健康知识。反过来，联合利华的健康知识宣传规模前所未有，这是政府做不到的；这次活动也为后来的公共教育活动留下了丰富的文化成果。

在构建方法经济生态系统的同时，联合利华播下了未来造市者的种子。费罗莎是联合利华在孟加拉国营销活动负责人，她说："我看重的不仅是我个人的成功。我愿意激励别人去努力。人们会说，'费罗莎能做到，为什么我不能呢？'我不只是联合利华的代表，更是生活、希望和梦想的化身。”

从利益部门到生态系统

在方法经济的大背景下，各类因素汇聚在一起形成了新的问题解决机制。新型组织模式、新型货币、新型技术应用以及新生代造市者强强联手，力图攻克社会顽疾。这种经济里有许多金钱以外的东西，传统的商业、利润、营利组织、非营利组织以及公共价值等观念屡受挑战。打破常规的思维方式为方法生态系统的生根发芽奠定了基础。

看见一个问题（诸如因卫生条件落后诱发的死亡）时，造市者会问“怎样才算解决了问题？怎样才能解决问题？”他们为了共同的目标并肩作战，而不问对方来自哪个部门，扮演何种角色。大型跨国公司怎么就不能在印度农村地区宣传卫生知识呢？

传统工业、政府乃至基金组织死板的部门划分与方法经济追求的非常规思维方式背道而驰。社会企业家和企业开拓者再也不愿为推进一项议程求告政府，他们更愿意自己动手解决问题。因假肢和电动车名满天下的发明家怎么就不能开发净水设备然后让可口可乐这样的跨国公司帮忙普及到发展中国家呢？迪安 · 卡门（第一章介绍过）就做到了。

防治痢疾和高等教育改革等核心问题和终极目标是生态系统的重中之重。当广大市民谈论、分享和表达他们对特定问题的关注（有了互联网和社交网络后，这种交流更加便利了）时，市场需求会随之增长，企业家集聚并填补这种供需缺口。

生态系统在生物学里的定义是生物体在一个整体环境中相互影响、相互作用。这种定义也适用于方法生态系统，当一个组织为实现目标付出努力时，它的合作机构也能受益。（联合利华与公立学校在教导学生勤洗手问题上存在共同利益，但是按照传统的分工，这两个组织永远都走不到一起。）各个组织齐心协力时能够实现他们单独行动所不能实现的进展。整个生态系统都在重复这种合作机制。参与解决问题的主体越多，合作的机会就越多。

以d.light公司为例，它曾是一个羽翼未丰的初创企业，但是它致力于解决一个鲜为人知的问题：千万家庭用不上电灯。它的目标客户是全世界1/4用不上电气的人群。尽管d.light凭借不少创意引起了奥米迪亚网络组织的重视，但太阳能灯泡与千千万万处在黑暗中的人们之间隔着千山万水。目标客户零零散散地分布在金字塔底层的那些偏远地区。

为了帮助d.light公司渡过这个难关，奥米迪亚网络调动了它与国际发展组织的关系。在一次奥米迪亚网络举办的派对上，d.light公司首席执行官有幸认识了孟加拉农村发展委员会（孟加拉国最大最成熟的服务供应商）的代表。10天后，双方在达喀尔举行会议，协商在委员会治下的5个社区试用d.light公司产品事宜。

奥米迪亚网络工作人员苏珊·菲利普斯说："孟加拉农村发展委员会网络遍布全球，它的影响力可想而知。委员会的分支机构遍布世界110个国家。合作的前景自然也不可限量。"如今，d.light公司产品已经惠及30多个国家的1 000多万人。

一些骨干组织为构建生态系统做出了突出贡献，它们充当核心组织者、责任承担人和召集人。在一些生态系统里，此类角色由"联络人"公司和它的平台充当。eBay和亚马逊就是商业世界里这类角色的典范，它们创造了简单的市场条件和用户文化，方便了买家、卖家以及物流公司之间的互动。在社会领域，这类联络人角色也在公私合营中逐渐成形，总有一个领头人维系整个生态系统。后文还会详述，在网上教育领域，此类角色由麻省理工和哈佛大学等大型学术机构担当；而在经济适用房领域，此类角色由阿育王组织担当。

再看全球疫苗免疫联盟（GAVI）如何为世界最贫困地区人们接种

疫苗。2000年，许多西方国家市场上已经涌现不少救助儿童的药物和医疗技术，但是在其他地区（也是最需要这些药物和技术的地区）几乎是一片空白。这种悬殊就是典型的市场失灵。直到世界卫生组织、联合国儿童基金会、学术机构、制药公司以及投资者齐聚达沃斯世界经济论坛，此类问题才得到重视，才破土动工开辟出一片新天地。这片天地叫作全球疫苗免疫联盟，其功劳在于它集结了一批合作伙伴。全球疫苗免疫联盟就像特定领域的达沃斯论坛，它把疫苗行业、各类非政府组织、援助国组织、发展中国家政府组织召集在一起，共同协商重整疫苗市场。全球疫苗免疫组织通过匹配发展中国家的疫苗需求与稳定可靠的融资机构为3.7亿儿童接种疫苗，预防了550万起儿童死亡病例。最神奇的是，除召集主要玩家之外，全球疫苗组织完全没有参与执行实际项目。

为了满足先前得不到满足的消费者需求，活跃在发展中国家的市场创新者不得不创造整个生态系统。以“米糠发电系统”（Husk Power Systems）为例，它的使命是通过价格实惠的30千瓦的发电厂为印度最贫困地区供电。“米糠”公司最大的难题不在于年收入低于200美元的潜在客户消费不起电力，而在于找不到出价低的供应商来建设和维系这片地区的发电厂。这意味着“米糠”公司还要生产电表、雇用销售人员、聘请电力工程师、开展培训和教育计划。

聪明人基金会是“米糠”公司的赞助商，工作人员萨沙·迪希特说：“为什么这些企业家举步维艰？因为他们靠赤手空拳打天下，有时候根本就不存在市场，也没有生态系统可以借鉴，一切都得从零开始。”

许多问题的成因很特殊、复杂，解决问题的生态系统也一样，我们要顺着它们独特的轨迹去开疆拓土，在此过程中，需要动用一些万能的元素、颠覆性技术以及新型货币。在欣欣向荣的生态系统里，既存的交易和经营模式也会焕发新的光彩；而那些扮演非传统角色的市场玩家不仅贡献资源，也发挥创意，带领能够自我维持的新型方法市场走向繁荣。接下来，我们会以实例展示第一至五章里提到过的方法经济基本元素如何在生态系统里发挥功效。

颠覆传统教育：革新的生态系统

在这个颠覆性技术层出不穷的年代，各行各业要么与时俱进，要么惨遭市场淘汰。网飞公司跟上了数字革命，百事达没有；IBM（国际商用机器公司）跟上了潮流，王安电脑公司没有；苹果公司借着数字时代的东风一飞冲天，柯达销声匿迹了。UPS（联合包裹速递服务）和FedEx（联邦快递）随着网上购物的风靡而崛起，在通信领域曾占据垄断地位的邮局却衰微了。的确，曾经凭着垄断地位不可一世的公共机构如今不得不向新的生态系统低头，过去的福利成了如今的挑战。

教育领域的生存法则更是如此。许多公立学校还囿于传统的师生关系思维，教育行业里早涌进了一批新秀，它们展示出了一个即将兴起的生态系统的特色。无数教育机构在行业边缘探索，寻找合适的突破口，不断改良服务（见图 6–1）。有些机构一鸣惊人，另一些机构逐渐消亡，最好的理念留下了并造就了更强的竞争者。教育生态系统已经改头换面了，它迫使我们重新思索高等教育、私立学校、网络教育、成人教育的定义以及教师、学生和学校的定位。

各个年龄段的学生都亲身经历了这场教育领域的沧桑巨变。现在，只要有网络连接，任何人在任何时间任何地点都可以获取优质的网络教程（见图 6–1）。不管是在可汗学院补习线性代数，还是在代码学院学习基本编程知识，抑或是在StraighterLine和凤凰城大学等营利网络教育机构攻读学位，现代人都可以在网上获取丰富的教育资源。学术地球、Udemy、课程时代以及其他250多家教育机构都开通了公开课，向公众敞开了一流大学教育的大门。老师和学生都可以从教育生态系统中获取海量资源，实现个性化教育，并且展开新型互动。

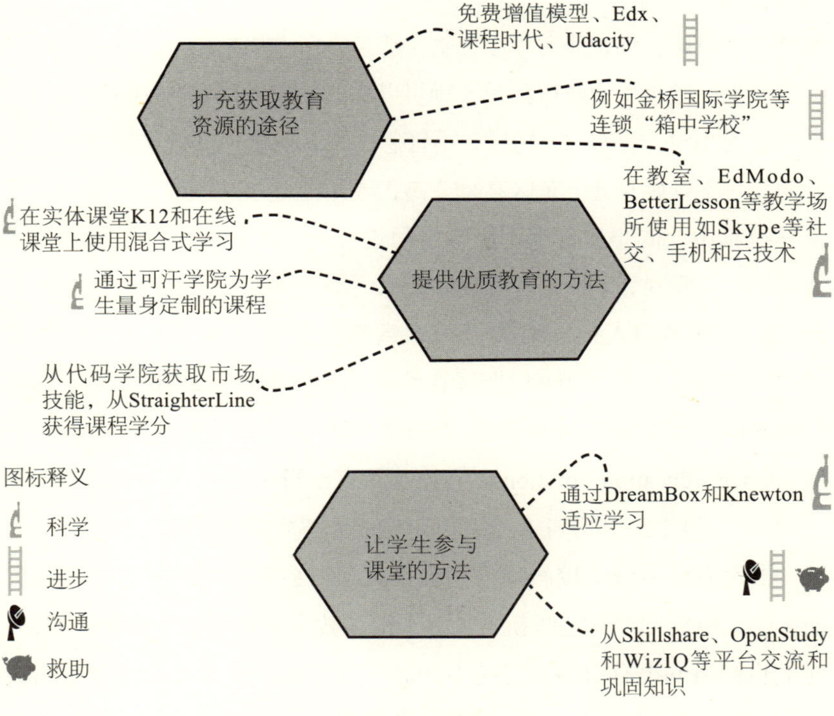

图 6–1 扩展教育生态系统

以一个16岁的小姑娘为例，假设她可以上网。也许她所在的高中没有开设她感兴趣的宏观经济学课。她可以利用课外时间去另一所学校学习这门课程。她还可以在EdX上自学这门课程，像其他1亿人一样，利用麻省理工、哈佛大学等网上平台获取优质教育资源。到了学期末，如果她参加宏观经济学大学先修课程考试而且考得很理想，那么她上大学的时候就可以免修这门课程或者加入其他经济学高级研讨班。

通过各类工具的协同可以实现网络教育影响最大化。宏观经济学考试肯定会有不少出自习题集的问题，要是我们的未来经济学家在DreamBox网站上（根据学生的答题情况调整试题难度的网上学习平台）做过这些习题，那她能占不少优势。哪怕她所在的学校没有一个人选修这门课程，她也不会觉得孤单。她可以在学生富翁网和WizIQ等平台上加入学习小组，寻求P2P辅导，不管怎么说，现学现卖效果最显著。最妙的是，不管她身处上东区高档公寓，或是拉合尔的城市贫民窟，还是喜马拉雅山上的小屋，都不影响学习进程。对于各个年龄段的学生而言，拥有互联网等于拥有海量教育资源。

越来越多的人把网络教育和课堂教育融为一体，教育学家称其为“混合式学习”。2011 年斯隆在线学习调查表明，2010 年下学期至少有 600 万人参加了网上课堂，比上一年增长了 56 万人。开放教育方法（Open Education Solutions）首席执行官汤姆 · 范德 · 亚克预言，到 2020 年，美国 2/3 的学生都会在网上完成大部分学习计划。

虽然有些传统学校教师担心混合式学习会对传统教学活动带来负面影响，但他们坦言这些新工具对于提高教学质量有立竿见影的效果，他们也知道网上有很多资源是专为教师订制的。老师可以把学生的成绩分布显示在图表中，考试难度是否适宜一目了然。他们还可以通过BetterLesson和TeachersPayTeachers等网站交流教学经验和交换教案。我们在第二章里提到过，精通最新技术的老师还可以通过“翻转课堂”方式实现混合式学习。

要是老师发现一篇论文不像出自学生之手怎么办？他可以在Turnitin和SafeAssign等防抄袭网站上检测这篇论文。在这个网络信息泛滥的年代，此类软件必不可少。以往发现学生有抄袭行为时，老师都会用红墨水在学生的作业上批注“放学后来我办公室”等字样。现在，老师们可以直接在Edmodo等平台上与学生和家长沟通。从上述案例可以得知，市场上不仅有针对学生的教育支持，也有针对老师的教育支持。

日新月异的教育科技也撼动了教育体制。例如，传统学校想方设法提高数学和科学作业效率，可惜效果不佳。教育界一致认为学习方法因人而异，数学和科学更是如此。不幸的是，小学里一次不愉快的经历可能会让学生对此类课程产生长期的抵触情绪。这对他们将来找工作非常不利，因为市场对数学和科学人才的需求最强劲。好在如今的教育生态系统里有多种多样的教育产品，每位学生都能找到适合自己的一款，个性化教育因而成为可能。一些学习平台设计了知识点测验以查明学生对课程的掌握情况，以方便进一步优化教学内容。如此一来，学生在个性化学习道路上一展身手，不仅充分理解还能长时间记忆他们学过的内容。

我们在第五章里也提到过，成年人可以从网络课堂、免费教程、讨论平台上获取竞争技能和工作机遇，其过程类似于成年人版混合式学习。只要有足够的求知欲、耐心和时间，任何人都能掌握高市场价值的技能。

发展中国家的技术进步，例如智能手机的普及，已经渗透到了教育领域。由于地域的限制，约有几百万人没有机会在传统学校就学。如今有了网络教育资源，人人都可以受教育。在21世纪的第一个10年里，亚洲网络教育发展速度居世界首位。在中国，网络教育在大学教育里占有10%份额。此外，自从有了网络教育，沙特阿拉伯女性上学时再也不必担心会冒犯“女子与男性教师不得共处一室”的禁忌了。

对于现行教育生态系统而言，数字和实体教学融为一体的时机已然成熟。网络教育虽然能为学生提供技术和分析技能，但这还不够。面授课堂中培养出来的精神面貌以及软性技能也很重要，这一点学生可以作证。不管是以会谈小组还是团队计划模式，只要把社交因素融入网络教育，就能够吸引更多的人参与这个教育生态系统。

经济适用房：为底层人民构建的生态系统

全世界约有10亿人委身贫民窟，这个数字是发展中国家城市居民总数的一半。他们缺乏最基本的卫生设施，挤在狭小破落的空间里艰难度日。除了负面情绪外，贫民窟还易滋生各类疾病。它不利于教育发展，而且易受火灾和自然灾害侵袭。全球没有住房的人达1亿之众。

如果任由这种趋势蔓延，到2030年，贫民窟居民总数将达20亿；到2050年，贫民窟居民总数将达30亿。其原因在于，世界人口增长多出现在发展中国家的贫民聚居区域。我们每天建设96 150套住房才能满足2030年世界40%人口的住房需求。

给穷人建楼绝非易事。贫民窟居民不仅缺钱，而且多属于地下经济，这意味着他们享受不到30年房贷甚至是租房等待遇。聪明人基金工作人员阿登·范·诺本写道："房建工程需要多方合作，而且全程可能没有一个龙头企业去领导其他企业。穷人要住得起房屋还得靠补贴，而且需要许多时日甚至几年才能建成一栋大楼。"

突破传统思维为城市贫民建楼需要一个生态系统，它得囊括金融机构、熟练工人以及法律支持等多方合作伙伴。第一道难关就是经济适用房的设计问题，只有经验丰富的专业人士才能完成这种浩大的商业工程。

达特茅斯塔克商学院的维杰伊·戈文德拉扬教授和克里斯琴·萨卡尔教授希望通过一种交易模式来激励各方展开必要的合作。他们主办了一场竞赛活动，主题是设计一栋成本为300美元的房屋。当然，成本并非唯一的限制条件。要成功改造贫民窟，设计蓝图必须立足当地环境和已有的建筑材料。胜出者将获得计算机硬件和建筑集团企业英格索兰公司颁发的奖金。

维杰伊和克里斯琴明白此次房建工程需要调动最优秀的商人、设计人才、建筑师、学者的智慧以及来自商务专家、建筑师和非营利组织专家（他们常与贫民窟居民打交道）的回馈。

整个设计比赛过程中的数据都向公众开放。参赛团队把他们的设计成果上传到网上，其他参赛者可以对比这些作品，任何人都可以提出批评意见。主办方也会邀请专家对财务和环境等障碍进行解说。

最后，有6个小组出线，他们在达特茅斯进行了为期一周的原型设计活动。有小组成员以规模化建房为突破点，成功降低了成本。来自“平民建筑”组的埃里克·霍说：“我们觉得，要是只建一套房，无论如何都不能把成本降到300美元。因为劳动力成本太高了，实在做不到。所以我们决定绕过这个问题，直接设计出一个小区。”建成这样的小区需要借鉴方法革命的一些原则，包括新型投资和融资方式。

按照这个模型的设想，100个家庭一共可以申请3万美元贷款。这样村子就有钱购置机器，生产混凝土砖和特殊的屋瓦，而这种工作完全可以由当地村民完成。达特茅斯活动主持人告知“平民建筑”组其设计模型将在海地试行，各个获胜作品的优势都将融入这个模型。

此外，印度以2 500美元汽车著称的公司塔塔集团在西孟加拉邦试行了三个成本为700美元的房屋设计蓝图。一周之内即可建成一间面积为215平方英尺的房屋。虽然这样的成本对于金字塔底层人民而言依然过高，但是它扩大了中低阶层的选择范围，也简化了政府房建计划成本。其他建筑师也在密切关注塔塔集团的设计，希望能够找到灵感，将这种房建计划规模化。

下一道难题在于金融和行政。根据现行法规规定，贫民窟居民无权拥有住房。有意向的房产开发商需考虑潜在消费者的实际情况、政府部门颁布建筑法规的动向，也要尽心安置搬迁居民。开发商应当与非政府组织、承包商、金融机构和其他包括学术顾问和志愿建筑师等方面展开协作。图 6–2 展示了这些市场主体和创新方法如何为经济适用房计划添砖加瓦。

埃及阿育王组织尝试了一些办法，旨在动员个人投资家参与为底层人民建房这个价值万亿美元的市场。此举当然异常艰难。在为低收入人群建房项目中铩羽而归的商人不在少数。

基金会工作人员罗谢尔 · 贝克说："很多开发商知道这是一门赚钱的生意，但是他们不清楚新客户（即贫民窟居民）需要什么、想要什么、财力如何、是否买得起住房。他们的传统市场营销和销售人员对于贫民窟一无所知，他们也不会信任那些从贫民窟走出来的人。要是开发过程中还扯上产权不明或者房贷过高等问题，风险基本上超过了利润。"

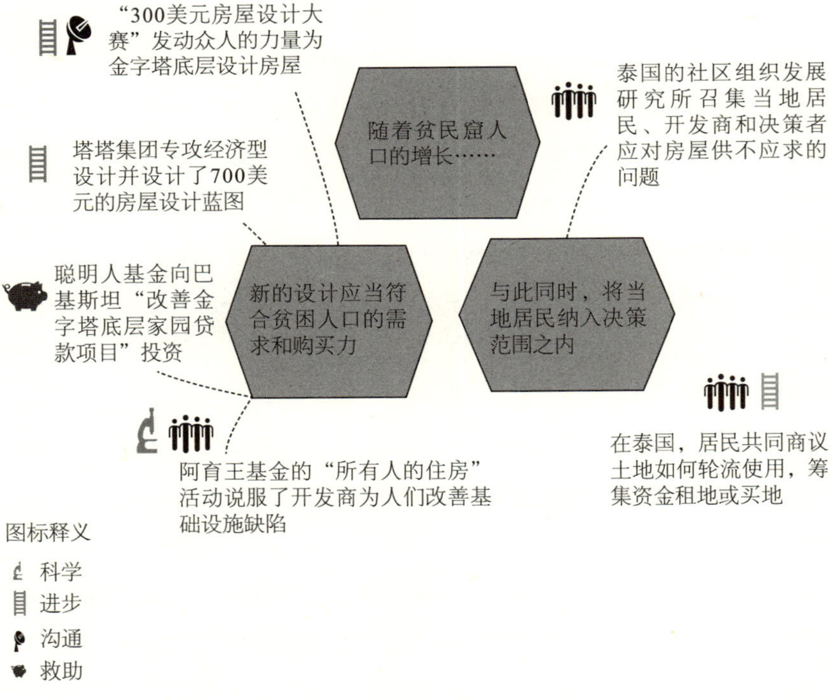

图 6–2　金字塔底层的经济适用房

为了保障这番事业的顺利进行，阿育王组织开展了广泛的市场调查，确保真正符合条件的人能够分得房屋。平板电脑技术简化了样本普查；工作人员对贫民窟家庭拍照，供将来分配房子做参考。此类证据可以防止房屋建成后有人趁机诈骗。搜集贫民窟居民的一手资料能够帮助开发商了解消费者（尤其是金字塔底层消费者）的需求，从而避免传统弊端。

阿育王组织还充当了中间人，它从当地建筑公司中挑选出优质建材，组织有意向购房的居民与小额信贷机构进行协商，还向高校工程师咨询意见。它的一次活动就催生了 1 000 多间住房。

阿育王组织在印度也致力于开辟经济适用房市场。到目前为止，人口急剧膨胀造成印度 2 470 万住房短缺。照现行法律规定，贷款买房需提交收入证明，但 86% 的城市居民无法提供收入证明，因为他们没有正式工作。当地流行着一种根深蒂固的观念：没有工资条就没有信誉可言。整个房建行业都默许这种游戏规则。开发商只管建房，而融资机构只向符合条件的人发放贷款。

为了让利益相关方明白为穷人建房其实有利可图，阿育王组织不得不为贷款公司、房地产开发商、地方社区组织搭建合作关系。经济适用房的生态系统运作模式是这样的：社区组织一方面统计买房需求，为开发商带来大量顾客；另一方面也参与设计和投资。迄今为止，它一共建成了 1 万间经济适用房，创造了超过 1 亿美元的销售额。房建计划仍在进行中。阿育王组织创始人比尔 · 德雷顿认为此项计划“至少挽回了 3.4 亿美元市场损失”。阿育王组织始终致力于为金字塔底层人民服务，除在埃及开展房建计划外，其活动范围覆盖了从健康到农业再到教育的全部内容。

当然，埃及的方法并非放之四海而皆准。泰国的社会组织发展会（CODI）没有选择具象的方法，转而投靠了一种较为抽象的方法。它把法律代理、有意向的开发商、土地所有人等市场主体纳入同一生态系统，然后放手让这个生态系统自行运作。地方社区挑大梁，社会组织发展会从旁协助。

和阿育王组织一样，社会组织发展会先从技术层面着手。它广泛征召各小区有想法且有影响力的人才。以一个案例分析的描述为例："程逸府的建房活动始于绘制贫民窟和寮屋地图，它查明哪些贫民窟值得保存以及哪些贫民窟必须搬迁。这种工作有助于联合地方社区组织和取得年轻建筑师、僧侣、市长的支持。"

前面提到维杰伊和克里斯琴曾举办过一场"征集300美元房屋蓝图"的竞赛，在一群德高望重的老人监管之下，程逸府向市民征集资金和劳力。于是，所有居民都与这项计划有了直接利害关系。结成一个法律团体之后，这些贫民窟居民可以与房东或地主谈判，决定以个人或集体名义买地或长租。

位于曼谷的Charoenchai Nimitmai社区决议集资置地，而其邻近社区决定利用他们的法律地位谋求长租。另一个社区科洛村顺着铁路网络蔓延。他们与铁路公司达成协议，村民在铁轨20米以外安家。作为交换，公司允许他们长期租赁这块地盘。

这种生态系统的妙处在于：有了适当的激励措施和法律地位，小区居民可以自由发挥创意，各种方法也随之而来。截至2012年，社会组织发展会已经在249座城市开展了745项房建计划，总计建成80 200座房屋。不知道科洛村民是否明白为他们建房耗费了多少周折。

终结人口贩卖：拯救性命的生态系统

全世界约有2 100万人沦为现代奴隶制（即人口贩卖）受害者，其中儿童受害者比率逐年增长。此类奴隶制不仅有剥削童工，还包括强制劳动和性奴役。迄今为止，全球人口贩卖已经形成了一个价值 320 亿美元的产业。

解放奴隶（Free the Slaves）是一家反人口贩卖的非营利组织，其联合创始人凯文·贝尔斯说，人口贩卖多以“想找工作吗”为开端。贩卖团伙专挑处境绝望的边缘人群下手，以介绍工作或者出国为幌子，诱使受害人脱离其社交圈子。受害人边缘化程度越高，得救的希望就越渺茫。一旦落入奴隶主手中，他们将被迫在缺乏法律保护的非洲矿井中劳作或在洛杉矶从事卖淫活动，没有护照，几乎无力逃离魔窟。

贩卖人口需要多方“合作”。人贩子和转运人负责运输受害者；腐败官员大胆放行或者提供伪造文件；地方向导在执法人员的眼皮底下交接受害人；告密者监视警方的一举一动；财大气粗的投资者向人口贩卖公司注入资金；而“洗钱匠”负责洗黑钱。一个完整的黑市生态系统已然成形。

安东尼奥·乔斯·多斯·桑托斯·费罗原来住在巴西的农村地区，倒霉的他沦为了 21 世纪的奴隶。曾经有位熟人在费罗面前炫耀财富，答应给他介绍工作。不久后，费罗满怀着希望坐上了去帕拉斯的汽车。抵达目的地后，费罗和其他人被迫在热带雨林里开垦牧场，武装队在一旁看守。费罗觉得自己可能惹上麻烦了，在向上头讨要工资时，他更确定自己一定惹上麻烦了。老板说费罗因在“公司商店”购物欠下公司一笔账款。他必须在此劳作，直到还清债务。

费罗彻底沦为了奴隶，他不得不和牲口同饮浑水，每晚在油布棚下入眠，捕食昆虫，祈祷次日天气情况恶劣，不用出工。万幸，当地执法人员发现了这片魔窟，解救了费罗和其他人。虽然巴西法律规定被强制劳动的一方有权向加害方求偿，但是法律程序错综复杂障碍重重，受害人不得不就此作罢。不过这次，牧区土地委员会和天主教救济会组织了 42 个受害家庭，协助他们启动索赔程序。经过 5 年艰辛的诉讼，他们赢得了 2 670 公顷土地以及建设 30 所家园的建材。单凭个人的力量不可能取得这样的成绩。

可惜，此类大快人心的事情并不多见。由于反人口贩卖组织之间缺乏协作，情况一直没有好转。美国联邦调查局工作人员戴维 · 罗杰斯坦言："许多组织在打击人口贩卖上目标一致，但是对于分工问题存在较大分歧。我们要的是并肩作战，而不是互相竞争。"一些非政府组织掺和进来后，问题更加复杂了。这种混乱局面一直持续到 2009 年，直到当地领导人联合创办了网上开放数据库——自由联盟（Freedom Registry）。如今，自由联盟上已经上传了 800 多家美国活跃组织的信息。自从有了这个开放数据库，各种组织联手打击人口贩卖罪行更加自如了；有鉴于此，加拿大也创办了类似网站。

然而，各类组织行事风格各异。有些组织擅长法律诉讼，有些组织行事低调，只求拯救受害者；有些组织专注于制作纪录片，力图引起民众对奴隶问题的重视。

其实它们可以从以下 4 个方面打击人口贩卖罪行，它们通常被称为 4P：预防、保护、控告、合作（见图 6–3）。预防工作包括宣传人口贩卖的危害以及指斥图谋不轨的贩卖组织。保护工作的侧重点在于协助受害者逃离奴役和回归社会。控告环节在于将犯罪网络连根拔起。许多国家（2012 年共有 134 个国家）明令禁止贩卖人口并将其定性为刑事犯罪。2008~2012 年，人口贩卖法律空白国家数量减半。不幸的是，联合国最新调查显示：每解救 800 名奴隶只能换来 1 名犯罪分子伏法。

合作在各国之间很常见，但民间反奴役组织很少合作。例如，美国国务院最近加入了反人口贩卖行伍；2005 年，它资助了世界 100 个国家 265 个跨国项目。欧盟在反人口贩卖国际合作中也十分活跃。欧盟反贩卖人口协调员专司国际协作事务，确保欧盟国家与东欧和西欧、非洲和西班牙、阿尔巴尼亚和意大利等国之间在打击人口贩卖罪行问题上展开协作。

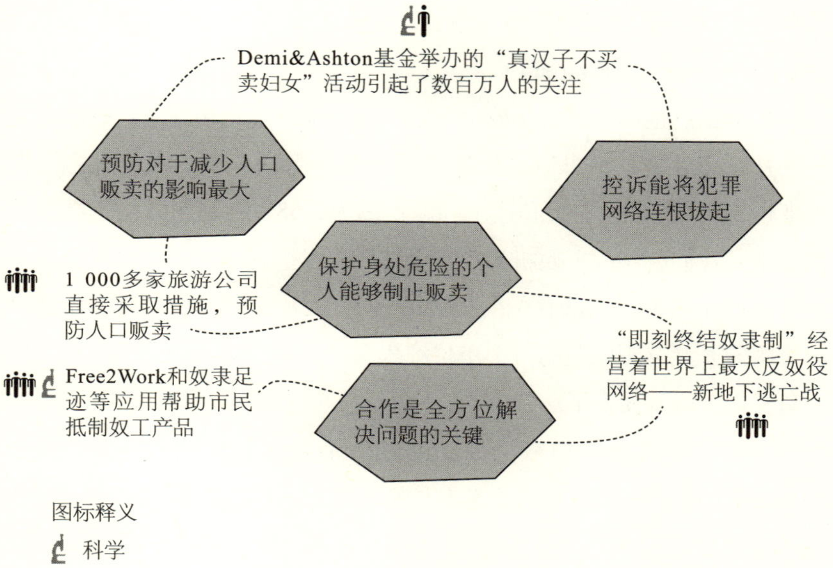

图 6–3　人口贩卖预防生态系统

不论其专注于预防、保护、控诉中的哪一环，许多小型反人口贩卖团体在加尔各答、海地等红灯区有丰富的工作经验。一些反人口贩卖组织，包括柬埔寨的索马利 · 玛姆基金会（Somaly Mam Foundation）在内，都是前受害人创办的。他们的亲身经历有助于赢取受害女性的信任、从腐败官员中分辨出可信的官员、与黑手党联手打击贩卖妇女的罪行。他们在当地设立女性救助站，帮助受害者找工作，防止她们再次陷入魔窟或加入人贩子组织。由于缺乏法律保护和其他资源，这些民间团体始终斗不过腐败官员和贩卖网络。它们能够想出好点子来解决社会顽固问题，只是缺少生态系统的支撑。

因此，合作对于这些小团体的益处不亚于任何国际合作所能带来的好处。即刻终结奴隶制（End Slavery Now）等大型组织汇聚了大量反人口贩卖组织，为从事危险行业的民间组织提供了寻找合作伙伴的平台。

即刻终结奴隶制目前经营着世界上最大反奴役网络——新地下逃亡线（New Underground Railroad）。

私营企业也加入了这场战争，它们的出发点远远超越了自我感觉良好的社会企业责任。可口可乐公司工作人员吉纳维夫·塔夫脱·巴斯克斯谈道："为什么我关心这个问题？因为，68%的强制劳动牵涉全球供应链。我们公司的下属机构遍布全球200多个国家，难免会与这些奴隶工厂产生联系，因此我们要提高警惕。"她补充道，要是有一张能够解决服务来源透明问题的劳工单位红黑名单，那她的工作（全球车间安全负责人）就方便多了。

私营企业打击人口贩卖活动的战场不只在供应链上。帕兰提尔（Palantir）技术公司把它的技术专长用于追踪人口贩卖网络。该公司技术专家开发了一种软件，它能整合警方报告文件、侦查记录、市民线索、传票电话记录等各种数据资源，将这些信息显示在地图和网络图上，帮助控方迅速跟进人口贩卖活动。帕兰提尔部分技术人员曾在贝宝公司供职，对于他们而言，这类程序类似于以前公司的诈骗检测系统。2012年，帕兰提尔公司将这款软件赠予国际新闻记者调查联盟，协助记者分析人口买卖黑市情况。

各方协作以后，国内和国际组织打击人口贩卖罪行的力度有所加大，于是诞生了《巴西根除奴工协定》和《反人口贩卖全球商业协定》。巴西协定签署方承诺不向黑名单上的供应商购买任何产品，亦同意接受逐个检验，只求减少市面上的"奴工产品"。

消费者也加入了这场战争，他们要求卖方提供可靠的劳工信息。在此之前，衣物标签上最多标明"100%纯棉"或"中国制造"等字样。现在，消费者可以扫描二维码（此类信息随处可见，包括杂志和番茄酱瓶子），查明商品出处，了解注意事项，有时还能看到产品生产车间的视频。Free2Work等苹果手机应用依据强制劳工风险给企业打分，奴隶足迹（Slavery Footprint）让消费者了解奴隶如何间接为他们服务；这些活动引起了公众对奴隶问题的重视。越来越多的企业开始意识到，抵制奴工产品不仅事关企业道德取向，也是个很好的营销噱头。安维尔针织品公司（Anvil Knitwear）的消费者可以在trackmy-T.com追踪其产品供应链。瑞士籍纺织品公司Switcher也为消费者提供类似标签。

联合国反人口贩卖形象大使米拉·索维诺指出，终结人口贩卖问题需要付出长期的努力。“10 年前，巧克力工厂的童工问题闹得沸沸扬扬。消费者一再敦促卖方承诺不向童工企业购买任何服务和产品，许多人以为问题曝光后一定妥善解决了。事实上，到现在还有 20 万童工被迫在巧克力工厂劳作。”总而言之，只有社会各界通力合作并坚持不懈，才有可能根除奴隶和人口贩卖问题。

功能互补和高效的生态系统

前面提到的教育改革、房建计划、根除人口贩卖等问题看似毫不相干，其实它们有一个共同点，那就是几年或几百年来社会各界曾经尝试解决这些问题，可惜大多不见成效。

但是，如果我们能把本书中提到的方法以适当的方式付诸实践，就可以给各领域带来显著的进步，譬如市场新秀的涌现、新型合作关系的组建、新兴技术的应用以及新式经营模式的诞生。方法市场越来越多样化和成熟化，新式货币的出现扩大了受益者范围，也许以公民资本替代传统货币是个不错的选择。层出不穷的交易模式放大了社会效益，也催生了上文和下文中提到的生态系统，贯穿了再生银行和废物处理联营公司的垃圾处理机制和Zipcar和Zimride等新兴汽车共享服务市场。

但是，生态系统并非一成不变。根本而言，方法生态系统的优势和韧性受其多样性和应变能力的影响。阿育王组织在处理土地归属问题的同时，给房地产行业带来了很有价值的关键信息，也带动了金融系统的运转。海狸常在浅水区搭建小水坝，此举会影响整个生态环境，有助于维护沼泽地的生态和养护各种动植物。方法生态系统里也有类似的效应，召集人一个微妙却关键的举动能给其他市场玩家创造机遇，鼓励他们锐意进取和开拓市场。（欲知生态系统如何诞生，见图 6–4）原来看似不可行的方案如今不仅行之有效，而且有利可图，还能自我维持。

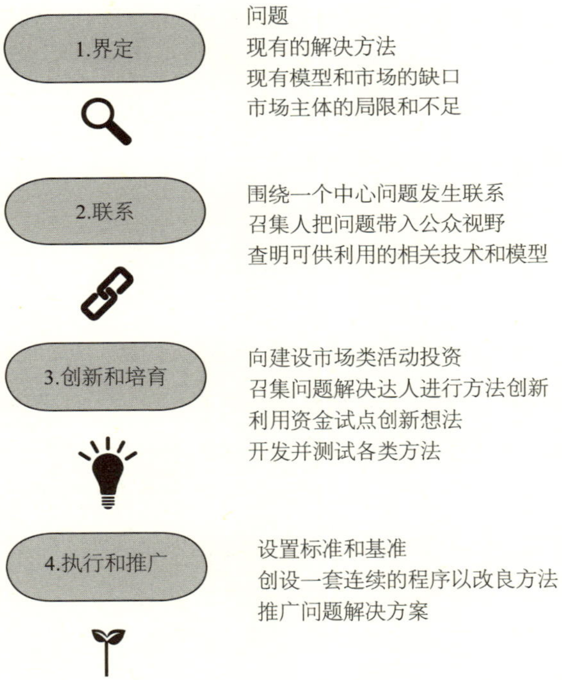

图 6–4　培育方法生态系统：从构想到执行

自然界不乏这样的例子。以小丑鱼为例，它向带毒刺的海葵寻求庇护；反过来，海葵以小丑鱼的食物残渣或者由它招来的小昆虫为生。佛罗里达州沼泽地上的短吻鳄任由鸟类啄食它们齿缝的肉屑，此举不仅给鸟类提供了食物，也有利于短吻鳄恢复捕食能力。哥本哈根有400多万蜜蜂为花朵和植物授粉，城内植物得以开花结果。

也许大家对蜜蜂授粉的例子习以为常，其实它是人造的奇迹；社会企业家设计了一个绝妙的生态系统，给社会带来了诸多收益。在哥本哈根城开展蜜蜂计划（又称Bybi）是英国社会企业家奥利弗·马克斯韦尔的主意，他希望引进百万只蜜蜂来缔造一个可以自我维持的蜂蜜产业。项目负责单位与市政府、社会组织以及丹麦企业展开合作，把长期失业和流离失所人员培养成职业养蜂人。这不失为一举两得的妙计。一方面，弱势群体的工作（在地方企业楼顶上养蜜蜂）落实了；另一方面，蜜蜂也有了一个安全的栖身之所。养蜂人经营着蜜蜂养殖企业，他们把赚取的利润重新投入蜜蜂计划旗下的社会和环境活动中。

马克斯韦尔的大胆实验是为了解决一个棘手的问题。全世界70%的植物和1/3的食物全靠蜜蜂授粉。但是，由于气候变暖、新式耕作方法以及未知的疾病，欧洲大陆上的蜜蜂成片死亡。一项研究报告显示：如果这种情况持续到2018年，英国的蜜蜂就会完全灭绝。蜜蜂和食物的命运掌握在养蜂人的手上。然而，老龄化问题给传统养蜂业带来了致命威胁。

马克斯韦尔本是社会学专业出身，没有任何养蜂专业知识，所以他一直不了解蜜蜂种类濒临灭绝的问题。直到2009年，一天晚上下班后，马克斯韦尔在驱车回家的路上看到了一堆蜂箱。出于好奇，他随即停车并上前与养蜂人攀谈。那时他正在哥本哈根市经营一家社会企业。与养蜂人交谈后，马克斯韦尔发现了问题的严重性，希望能够缓解这场危机。

他拜访了不少养蜂人和生物学家，向他们请教有关蜜蜂的知识。马克斯韦尔了解到哥本哈根蜜蜂数量短缺、杀虫剂会导致蜜蜂死亡、新一代养蜂人没有经过适当的职业培训、市场对蜂蜜的需求有待增加等情况。他的脑海里闪现出各种零碎的解决方案，他要做的是厘清思绪。于是，马克斯韦尔召集了地方企业工作人员、市政官员、住房协会、就业中心和职业养蜂人。这些人掌握着其他人匮乏的专业知识，而他们又有能力满足其他人的需求，这是合作的基础。

一切准备工作就绪后，马克斯韦尔说服市政府为养蜂项目注资。地方企业与项目负责单位合作，引进蜂箱并把闲置的楼顶借给养蜂人养殖蜜蜂。社会组织（譬如丹麦最大的住宅组织之一Urbanplanen）为项目招募工作人员。而项目负责单位提供蜜蜂、培训和养蜂工具，把弱势群体培养成职业养蜂人。此外，马克斯韦尔所在的社会企业还为当地养蜂业打造了营销机器。每季度末，养蜂计划执行单位及其商业合作伙伴会公布一份社会企业责任报告，吸引投资者和消费者的注意。他们还打造了蜂蜜品牌，为蜜蜂计划赢得了广泛的群众基础。

在这个生态系统中，蜜蜂找到了安全的居所，无家可归的弱势群体获得了稳定的工作，社会组织达成了目标，顶尖企业巩固了市场地位，哥本哈根城也比以前更加繁荣了，而纳税人无须为养蜂人掏一分钱，棘手的问题就这样圆满解决了。

各方组织和个人都发挥了他们的长处：养蜂人运用了专业知识，社会组织招徕劳动力，当地企业贡献了他们的房顶，马克斯韦尔功不可没，他高瞻远瞩并且敢于行动，把社会危机化解为市场机遇，为各利益相关方创造了福利。他说："每个问题背后都藏着故事和机遇。只要让合适的人出场，一切问题都将迎刃而解。"

说来养蜂业也有几百年的历史，马克斯韦尔给它注入了全新的血液。公益创新者以新型创新方式将新型科技和经营模式用于改良和改造教育等生态系统。但科技是把双刃剑。例如，人贩子也能利用社交网络等技术扩大他们的犯罪网络。科技也能助长恐怖活动和网络犯罪。问题不在于科技带着原罪，而在于人类如何驾驭它们。

饥饿、贫穷、疾病会自我繁衍。消灭此类妨碍人类文明进程的顽疾不能没有新型模式。没有一家企业在解决瞬息万变的社会问题时能够面面俱到。只有那些知己知彼并且善于同互补性组织合作的市场主体才能做到事半功倍。联合利华在推广“车轮牌”肥皂中贡献很大，但它从不否认需要合作伙伴。

借着医疗、卫生、房屋乃至饥饿问题，方法经济改变了人类解决最棘手问题的方式。技术革命催生了新型组织、货币和方法生态系统。新生代的造市者不停地挑战传统方法。在企业、学界、政府的支持下，他们改变了市场面貌。

遗憾的是，全球方法经济发展并不均衡。我们会在最后一章详细介绍政府、企业、投资者以及个体公民如何加速方法经济的发展。

生态系统概览

核心理念

方法经济打破了常规的部门划分格局，将与特定问题相关的各类资源汇聚到同一生态系统。在这些生态系统中，造市者们为了共同的目标精诚合作。

方法生态系统类型

- 创新：利用先进技术和新型经营模式提供新的方法。例如，远程教育改变了我们的学习习惯和方式。
- 金字塔底层：为被市场忽视的贫困人群服务。例如，为几百万贫民窟居民建房需要社会各界团结一致。

- 拯救性命：以介入或其他方式拯救危及性命的局面。反人口贩卖是当今方法经济里最重要的拯救性命的生态系统之一。人口贩卖已然形成犯罪网络，将犯罪网络连根拔起需要一个完整的生态系统。

生态系统加速器

- 中坚组织通常扮演策划人或召集人的角色。
- 联络人集合生态系统的成员，这些成员在各自独立的基础上彼此守望相助。
- 平台营造了适宜的市场条件以及鼓励交易的文化氛围。

创新者

- d.light是一家社会企业，它与孟加拉农村发展委员会联手为金字塔底层提供太阳能灯泡，目前该计划已惠及1 000万人。
- Udacity为用户提供开放互动式课件和传统大学教育服务，譬如职业生涯辅导。
- 埃及阿育王为个人投资者开辟了金字塔底层价值万亿美元的房地产市场。它通过就地取材、召集潜在购房者和小额贷款服务扫清了房建事业的道路。
- 塔塔集团在西孟加拉邦试行三个成本为700美元的房屋设计蓝图，一周之内即可建成一间面积为215平方英尺的房屋。
- 柬埔寨的索马利 · 玛姆基金会由前受害人创办。他们利用亲身经历打击贩卖人口罪行。

挑战

- 在有些领域，建立联系十分困难，因为生态系统尚未萌芽，造市者得从零开始构建生态系统。
- 先进技术既可以打击社会犯罪，也可以为犯罪分子所用；造市者要清楚技术的范围和影响，携手消除技术的负面影响。

思考题

你在日常生活中见过哪些生态系统？你在解决某些问题中一定积累了不少经验，哪些经验可供其他人借鉴？你能从这些经验中总结出什么共同点？

THE SOLUTION REVOLUTION

How Business, Government, and Social Enterprises Are Teaming Up to Solve Society's Toughest Problems

第七章　打造属于你的方法革命

迅速改变世界的行动指南

假如我们生活在这样一个世界里：解题达人的数量、方法的种类、社会影响的规模增长了一倍、两倍或三倍。

假如所有的政府部门都效仿NASA，把最难的问题交给世人。

假如成千上万的投资者都采纳聪明人基金的耐心资本方法，分担早期投资风险，为社会播下尊严和财富的种子。

假如几百万市民携手建设更美街区。假如资产上亿美元的公司认可双重或三重底线，为解决社会问题贡献力量。

假如社会企业的数量增长了两倍，它们都有能力把创新方法广为传播。

其实我们正在奔赴这样的世界：方法经济是一种客观存在，它在发展，只不过发展得不太均衡。美国、英国、印度、澳大利亚、部分非洲国家和一些欧洲国家的发展劲头很猛。然而，从全球范围来看，本书中介绍的一些进展还很不成熟。

原因很简单：方法经济为填补市场空缺而生，有些地区比其他地区更适宜它的发展。这些地区的政府鼓励创新，他们的企业家认可新的价值尺度，他们的投资者信赖新式货币。

哪些因素加速了方法经济的发展？哪些又限制了它？

就以英国和法国这对邻居为例。在英国，十多年来，保守党和劳工党都积极扶植公民社会。因此涌现了一批又一批的解题达人，政府职能也得以转型。政府不再包揽所有社会问题，而是致力于寻求解决方法。现在，英国的公务员数量创70年新低，尽管在此期间全国人口总量增长了300%。此外，英国的公民社会规模也突飞猛进；1995~2005年，慈善组织数量新增40%，大型慈善机构数量增长了100%。

较之英国而言，法国几乎没有滋养公民社会的土壤。与其他欧洲国家相比，法国的人均慈善组织和基金会数量最少。其非营利部门规模小于多数欧洲国家，还不到美国的非营利组织规模的一半（法国的非营利部门占国内生产总值的4.2%，美国的非营利部门占国内生产总值的8.5%）。法国的社会企业数量也很少，尚处于不发达阶段。

也许有些差异可以归咎于源远流长的文化因素，譬如法国公民一向支持大政府理念。但问题根源不只在于此。英国政府为刺激方法经济的发展投入了大量时间和资源，而法国没有。加雷思 · 戴维斯是英国政府的军师，他说："我们要创造一个适宜的环境。我们花了很多精力去改革体制，成立了一些促进社会经济发展的部门和机构。"随后他们顺从民意开展了新的公共服务，把公共服务职责下放到地方政府，广泛采纳了为成功埋单模式，组建了资产6亿英镑的大社会资本，扶持方法经济市场新秀。

有些国家确实比其他国家更适宜方法经济的发展。他们的政府为创新开路，他们的企业家践行社会效益，他们的投资者革新社会价值衡量和交易平台。有些国家彻底抛弃了繁文缛节，有些国家反其道而行之。印度的废物处理合资企业（详见第四章）为改变限制小型承包商的法规做出了不懈的努力。只要印度政府稍微改动这类法律法规，就可以实现垃圾处理一体化、减少碳排放量、促进本土化肥业和回收业的发展。

在地球的另一端，加州西部奥克兰市有一家名为革新食品（Revolution Foods）的企业，要是它当初注册成普通企业，可能就会广受股东维权主义的诟病，因为董事会有义务向股东分红 5 000 万美元利润，要是这样的话，它就不能像现在这样每天为学生提供 12 万份健康膳食了。好在美国最近出台了新法规，革新食品公司得以注册成为福利企业，把为社会提供健康膳食也纳入了企业责任范围。

想想革新食品公司的行动能产生多大的连锁效应。它的健康膳食惠及家庭条件不好的学生，还有种植健康作物的农民。确保食物安全可以提升学生的学习状态，教育制度也会受益。再往后看，用人单位能招到更加聪明更加健康的人才。学生家长以及他们所在的社区也能节约一大笔医疗开销。

革新食品的例子让我们明白，一个福利企业的影响会波及整个生态系统。看看方法经济已经取得了什么样的成就，再想想方法经济还有多大的潜能。说方法经济能够在不增加纳税人负担的前提下富民强国应该不算夸张。

与其他组织合作（并且以精确的标准衡量成效）、开放数据、为成功埋单、减少监管雷区、召集各界贡献者等措施能让政府在其监管范围内左右方法经济的走向。例如，为非营利组织和基金会立法和免税能够令这类组织激增。

有一些左右方法革命的因素与文化息息相关，很难移风易俗。这些因素包括公民对政府职能的预期和社会对企业失败与风险的看法。

然而，抛开复杂的文化成因，我们会发现一条亘古不变的真理：单凭一个机构或者部门远远不能解决现代最难的社会问题。要取得长足的进步，我们不仅可以合作，而且应当合作。本书中所提到的技术、经营模式、货币形式等能够在各层面为社会变革者提供更为公平的竞争环境，可以改善公共服务、扩大选择范围、提升社会效益。

无视这种深刻的变革无异于自遣其咎。善于培植跨部门生态系统的国家能够收获更多的方法，其他一心仰仗政府的国家越来越难以跟上潮流。作为公民，我们知道该站哪个队。问题是，作为一个整体，我们如何抵达彼岸。

刺激方法经济的策略

了解方法经济的潜能后，大家一定有很多疑问。我们能为推进方法经济做点什么？我们如何直接从中获益？如果你是政府官员，你或许会问："政府怎么做才能创造适宜方法经济发展的环境？"如果你就职于大型公司，你又会想："我要做些什么才能在公司里推动社会创新？"

我们在构思这本书的时候设想和见证了一些有利于刺激方法经济的策略，仅供企业、政府、基金、投资者及社会企业参考（详情请参见附录）。我们从这些策略中提炼出 6 个普适原则，它们都与方法革命的主角密切相关。

打破藩篱：换个角度、揭露盲点、发现机遇

在这个快节奏的年代，引领时代变革往往就像在峭壁上开火车，有时仅是保证火车不脱轨就会让人精疲力竭。可要是有一条通往目标的捷径呢？

就像把火车限制在铁轨上一样，如果你总是想以常规的方式解决大型社会问题，那你想出来的方法一定受限于不完美的现状。其实，值得传世的方法多半是在挫折中总结出来的经验。

这一刻，请忘记你现在的行事惯例。问问你自己："我的目标是什么？"这次请不要理会常规经验和参数的指引，把视野拓宽。比如，你要是抓耳挠腮地想"怎样才能提高教育质量"这类问题，你的思维会被

局限在实体教室模式里。不妨试着问“我们怎样教育下一代，让他们都有一个好的工作前景？”后一个问题有很多种答案，你也许根本不会想到常规思维里的学校。

如果我们把重点放在期望结果而不墨守成规，就可以打开一扇方法的大门。以防治肥胖问题为例。如果让你写一张清单，列出可能有助于对抗肥胖的关键部门，你可能会想到医生和食品公司，但很可能忽略美国国家橄榄球联盟（NFL）。事实上，国家橄榄球联盟为解决肥胖问题出了不少力，它在“锻炼60分钟”活动中利用流行品牌宣传青少年健康与健身观念。自2007年启动“锻炼60分钟”计划以来，它已向青少年健康项目投入2.5亿美元。可能会有学生无视总统指令，但他们很愿意听橄榄球跑锋的忠告。

我们怎样才能打破藩篱呢？《颠覆性思维》作者卢克·威廉姆斯把颠覆性假设定义为“明显不合理但是能够把你的思绪引向其他领域的想法”。

怎样才能提出颠覆性假设呢？威廉姆斯建议先审视一下最有市场的目标问题解决方案，然后再一一颠覆或否定它们。以教育改革为例。一提到公立学校，人们就会联想到老师、教室、教材、校舍、食堂和校车。颠覆性假设可能会这样问：“脱离这些元素可以开展教育吗？”问着问着人们就会想到第三章里专门介绍的大规模在线开放课程。

打破藩篱的途径还包括质问想当然的想法，也包括你自己的想当然。以金字塔底层人们为例，很多人想当然地以为这些人买不起产品和服务。多年以来，这种想当然蒙蔽了企业思维也掩埋了金字塔底层的商机。而如今，不胜枚举的营利和非营利组织鼓励以创新方法为这群人服务。虽然有些企业在这片陌生的市场铩羽而归，但是联合利华和乌干达的生活用品公司功成名就了。

每个人或者组织都有可能想出不同寻常的方法，但如果他们不能说服其他人和组织认可和追随这种模式，这些方法可能会夭折。早年巴克莱银行打算在加纳拓展业务时，当地60%的金钱交易都是在商业银行系统外部进行的。巴克莱意识到自身的盲点，于是向农村地区的金融专家苏苏钱庄取经。300年来，加纳人都十分信赖苏苏钱庄，他们按日或星期向苏苏钱庄存钱以赚取利息。巴克莱银行并没有以富人的银行自居，因而顺利与苏苏钱庄建立了信任和合作关系。就这样，巴克莱银行将低息贷款和储蓄业务拓展到普通老百姓层面，若不是以这种方式可能很难达成这样的效果。

有时候，当人们几年如一日地关注某个问题时，他们就会找到新的思路。2001年，比尔·杨创办社会资本合伙（Social Capital Partners）时，他希望通过传统的方式（即非营利组织）为弱势工人找到有意义的工作。经过5年的筚路蓝缕，社会资本合伙创造了500个就业机会。应该说这种成效还算可以，但是比尔觉得这还不够。

于是，他开始另辟蹊径。把眼界从非营利组织拓展到私营机构如何？比尔重整了经营模式。有些商人打算收购连锁商店，只要他们同意聘请社会资本合伙推荐的人员，比尔就会为其提供低息贷款。然后，社会资本合伙与社区招聘机构携手评估连锁商店的人员需求。这项计划旗开得胜，安置了1 000多名弱势工人。

比尔·杨的模式如此成功以至于其第一任合作伙伴Active Green & Ross无条件采用了它。现在，比尔又投入到大型平台的研发中，希望借此改写加拿大社区培训和安置计划的运作模式。

比尔从一条普通的道路上启程，结果探索出了一片与众不同的天地。为什么？因为他愿意打破藩篱。

打破藩篱需要以一种新的眼光去打量现行体制。政府逐渐退居幕后，它为新市场和新方法创造条件，而不再直接提供市场和方法。

打破藩篱还要以一种全新的眼光去打量市民阶层：不仅要看他们需要什么，还要看他们愿意（在激励措施得当的情况下）付出什么。即便是在波云诡谲的外交界，美国前国务卿希拉里 · 克林顿在外事访问中也尽量直接与市民打交道，以寻求可能的合作伙伴和创新方法；此举象征着与传统外事访问模式的决裂。“新世界需要新的秩序，这种秩序应当富含创意而不是墨守成规。21 世纪，我们不能只与政府部门合作。不管在独裁国家还是民主国家，人民的意见都会对其政府的内政外交产生影响。所以我每到一个国家都会直奔市政厅，直面他们的老百姓、公民社会组织、妇女组织、商界人物以及其他人士。他们有深刻的见解和无限的潜力。他们对政治和经济的影响与日俱增。”

市民阶层是新秩序的中流砥柱。不管是借助政府数据开发应用，还是针砭时弊，抑或是为社会热点问题奔走呼号，市民阶层的行动能力不可限量。他们的行动会影响到政府提供公共服务的内容和方式，这是权力移交的前兆。

许多基金组织也开始重新打量自己，它们将自己定位为方法经济里的“填充物”，哪儿有传统政府援助和慈善组织缺位，哪儿就有它们的身影。不管是为了自己还是整个生态系统，只要其他组织愿意重新思索自身定位，它们一样也能做得很好。

瞄准空缺：利用被忽略的需求开拓新的市场

全世界有 65%的人口生活在肥胖问题危及生命甚于营养不良问题的环境里。美国疾病控制与预防中心绘制的地图显示了过去 25 年来肥胖问题在美国的演化过程。曾几何时，美国多数州的肥胖率低于 10%；而如今，地图上的深色区域警示我们，50 个州的肥胖率都突破了 20%，而且大多数州的肥胖率超过 25%。

肥胖问题也蔓延到了发展中国家。在过去的 30 年里，巴西男性肥胖比例增长了两倍，女性肥胖比例增长了一倍。中国的糖尿病患病率也直追美国。在俄罗斯，1/4 的女性和 1/10 的男性体重超标。

许多体重超标的成人和小孩来自低收入家庭。缺乏安全的锻炼场所、健康食物来源有限、新鲜食品的价格过高等都是导致肥胖的原因。

沃尔玛是世界上最大的杂货零售商，如果要从食物方面解决肥胖问题，那么它可以发挥很大的效用。沃尔玛十分赞赏米歇尔·奥巴马的“行动起来”（Let's Move）倡议，于是启动了健康饮食活动，该活动承诺 4 年内在美国农业部指定的“食物荒漠”地区再开设 275~300 家超市（自 2011 年至今，它已建成了 218 家超市）。这些超市将为 80 万生活在“食物荒漠”地区的人们提供健康食品。沃尔玛还承诺降低新鲜食品的价格，改良旗下几千种“惠宜牌”食品配方，减少食物的脂肪、糖和盐含量。这场活动对于沃尔玛来说算得上是双重底线：其遍布美国各地的销售网络可以带来 800 亿美元的年收益。

所谓企业家精神就是满足被市场忽略的需求（例如食物需求）。商家和消费者都能从中获益。虽然前路漫漫、困难重重，但在解题达人眼里，这种基本需求缺口是商机而不是障碍。让我们回顾帕拉格·古普塔的例子。早先，没有一家企业为贫困社区提供垃圾清理配套服务。古普塔在填补市场空缺的同时改善了拾荒者的生活条件。再看联合利华公司，它解决了印度贫困地区的卫生资源短缺问题，把肥皂卖给那些先前不知道自己需要肥皂或者没有钱买肥皂的人。

随着社会的进步和创意的开发，越来越多的社会顽疾被化解成商业机遇，譬如为低收入人群建设经济适用房。我们先前也介绍过，房建问题既是挑战，也是机遇。这种道理放到医疗和食品领域也同样成立。金字塔底层的医疗市场份额和食物市场份额分别是 2 020 亿美元和 36 000 亿美元。

阿育王组织创始人比尔·德雷顿说，直到最近几年，企业界才找到打开这片隐形市场的办法。在此之前，企业只关心传统市场领域的消费者，而对如何以适当的价格吸引缺席的消费者一无所知。相反，公民社会组织与这群人血脉相连，只是苦于缺乏必要的经营资源（如生产、销售、资金）。于是双方都对这片市场不抱希望，因为它们的眼里没有对方，也不擅长以另一种眼光分析社会问题。如果一项计划既得不到企业的支持也得不到社会组织的支持，那它基本就没戏了。不过这些都是后话了。

现在，越来越多的企业纷纷效仿联合利华公司，借力于公民组织，向棘手的社会市场进军。传统企业与社会企业联手对双方都有好处，它们可以打造各自的专长和打开广阔的公益市场。德莱顿深信合作（他将其称为“混合价值链”）能够开拓出一片工业革命后未曾有过的浩瀚市场。

农业部门是私营企业与社会企业合作的大赢家。墨西哥有 200 万农民日收入不到 2 美元。阿育王组织和当地组织说服当地管道生产企业阿曼科（Amanco）公司为这些处境艰难的农民提供滴灌设备。社区组织向当地农民普及了灌溉技术，帮助农民组团贷款，给他们安装滴灌设备，结果农民的收成大幅提高。与此同时，阿曼科公司及其合作伙伴收获了一片年价值 5 600 万美元的市场。

据德雷顿所言，阿育王 3 000 名工作人员中有 600 人在世界各地引领混合价值链潮流。他说商家应当擅长寻找阻隔合作的墙壁。当人们为解决社会问题而推倒一堵阻隔企业与社会之间的墙壁时，市场会繁荣昌盛。他还说企业应当善于利用非传统服务（譬如小额信贷）填补传统商业、慈善组织和政府服务缺位的领域。事实证明，与非营利组织合作不仅能给企业带来经济效益也有利于企业的长远发展。用德雷顿和布迪尼奇的话说，“如果你对这种合作不以为意，那你很快就要为战略失误懊恼”虽说合作前景一片光明，若要取得成效，合作双方必须克服利益冲突（究竟社会优先还是利益优先）和磨合经营风格（譬如搭档的质量管控能力）。

除了市场供需缺口外，生态系统的参与者之间也存在间隙。例如，对于多数社会企业而言，早期资金来源是个大问题。对初创企业的首期投资风险最高，这种风险又称“首亏损风险”。能独立承担这种风险的企业屈指可数，讽刺的是，真正有财力的基金组织又对这种投资兴趣索然。如果不进行投资实验就很难有新发现。

这种市场缺口正对金融家的胃口，它能满足后者的套利需求，只要行动及时，先行者都能收获客观的经济效益。虽然方法经济里的先行者不一定每次都能盆满钵满，但打造下一个聪明人基金或者再生银行还是很令人心动。

要为社会谋福利，造市者必然要承担一些早期风险，不论他们的冒险成功与否都会促进整个生态系统的发展。因此，创造一个鼓励开拓进取的环境能够帮助我们在公益领域取得突破性进展。其间也许会有一些挫折，但创新路上不怕挫折。

逆境中生存：坚守终极目标，放眼社会资源

幻想长大后成为宇航员的小朋友恐怕要大失所望了，NASA在21世纪初期命途多舛。2011年，航空航天局的航天飞机计划搁浅。2012年，国会又削减了6.48亿美元的航空航天局预算。

航空航天局的星座计划断了资金链后，再想把宇航员送上月球就难上加难了。20世纪80年代，美国在全球火箭发射项目上独占鳌头。不过近年来风光不再了（幸好有针对个人的太空飞行计划，情况逐渐好转）。

比起20世纪60年代的光辉岁月，航空航天局的现状可谓黯淡无光。1958年，美国航空航天局创立。3年后，约翰·肯尼迪总统宣布10年内美国会派载人飞船登陆月球。

虽说NASA的规模急剧缩小，但是太空旅行却留存下来了。它们是

怎么做到的？航空航天局在面临财政紧缩政策时调整了自身定位。过去美国政府主导外空探索，如今它开始与私营企业联手推进外空探索。

NASA一边大举撤退，一边大力扶植私营企业填补这块空缺。例如，理查德·布兰森的维珍银河公司（Virgin Galactic）计划研发太空飞船为旅客提供亚轨道旅行，其450万美元的科研资金来自NASA，为新墨西哥州建成了一个价值2.09亿美元的太空站。亚马逊总裁杰夫·贝佐斯领导的蓝色起源（Blue Origin）也在研制航空飞行器。一家名为NanoRacks的初创企业为科学家安排在国际空间站进行零重力环境实验。

轨道科学公司、XCOR航天公司、波音公司等一批企业也在研发宇宙飞船。美国航空航天局为月球专车公司提供技术指导，助其研发机器人来探索月球上的稀有金属资源。XCOR航天公司也在研发两人座的太空船，力图实现9.5万美元一次的付费太空旅行。太空探险公司已在哈萨克斯坦利用苏联时代留下的发射仪器将7位名将航天员送往太空站。

加州的太空探索科技公司可谓太空探索生态系统里最有意思的新秀。它与合作伙伴签订了价值30亿美元的太空发射合同，其中有16亿美元来自NASA。2012年5月，它成功向国际空间站发射了无人太空舱，此举极有可能带来大量订单。

太空探索科技公司（Space X）是2002年创办的，其创始人埃隆·马斯克也是贝宝和特斯拉汽车公司共同创始人。太空探索科技公司的宗旨是降低太空探索的成本。马斯克说："现在发射一艘宇宙飞船要花10亿多美元。本来我们很有希望跨入太空旅行文明时代，但是这种高成本减缓了我们的进程。"

奇怪的是，NASA没有把这些外空探索企业当成竞争对手。航空航天局主管人员乔·帕里什解释说："其他企业在航空领域取得突破对我们也有好处。"航空航天局不仅欢迎新企业进入航空航天领域，还大幅调整了其运作模式以求更好地利用这些企业的创新方法；这或许是航空航天局与其他政府组织最显著的区别。航空航天局走出了逆境，它把工作重心从身体力行创造奇迹转移到协助其他组织实现终极目标。

美国总统奥巴马的首席科学顾问约翰 · 霍尔登说："奥巴马总统计划继续保持美国在航空领域的领先地位，而与太空探索科技等美国公司合作和向国际空间站发射宇宙飞船是这个计划的关键所在。适时地让私营企业承担外空探索职能，航空航天局就能够把更多的资源运用到它最擅长的领域——解决近地球轨道载人飞船等外空探索最复杂的技术问题。"

NASA 机智地化解了资源短缺问题。经历转型的造市者不妨借鉴它的成功经验。首先，不要把同行看作竞争对手，想想怎样通过合作创造双赢和公共价值。

其次，市场上有一些平台能够调动各方资源解决牵一发而动全身的问题，不妨支持这类平台的活动。知己知彼才能合作愉快，交流平台能够简化企业了解合作伙伴的过程。

再者，大胆想象哪些资源可以应用到生态系统中来营造鼓励创新的氛围。企业可以考虑投资，或者召集跨学科造市者，或者为先行创新者提供实验的物理空间。把这些分散的资源整合起来后，你就会发现其实解决问题的资源远比你想象的要多。这种意识不仅能够鼓舞你所在组织的士气，也能助你早日找到解决问题的办法。

拥抱简单：有时最好的方法也是最省钱的方法

你上次浏览网页时也许被要求输入一堆模糊的字符。这堆字符就是验证码，它的功能在于通过简单的人工认证拦截网络垃圾信息。每天，全世界有 2 亿人输入验证码。他们不知道的是，这种验证码被用于数字化打印版档案资料。它以免费众包方式确保了数据的准确性。不是不可以聘请打字员完成数字化任务，只不过一来成本高昂，二来准确率没有保障。所以说好的方法往往成本更低效果更佳。

信息时代的典型特征是传统的弊端不断消弭。我们不必为了提高效益而花更多的钱。事实证明，优质方法的成本很低，只要我们愿意舍弃原有的经营模式、传统的工作甚至是长期信赖的机构。每当我们谈到解决大型社会问题，尤其涉及政府部门时，人们会情不自禁地联想到一大笔资金。要知道阿波罗计划耗费了1 700亿美元的巨资。但是验证码以及本书中介绍的其他案例告诉我们，今时不同往日（工业革命年代），解决社会问题（包括最难解决的问题）不再需要大额开支和大型基础设施。真正意义上的创新方案往往可以四两拨千斤。

一些关键举措能够消弭投入成本与社会收益之间的矛盾。相对于传统的集中式解决方法而言，以下这些轻量级方法能够节省一大笔开销：

- 利用互联网派发任务
- 通过P2P等工具集思广益
- 鼓励经营模式创新
- 帮助老百姓了解他们的需求——在有些方面，他们比社会工作者更勤奋
- 发动个人和社区解决与之相关的问题

当下也有许多政府部门和私营企业积极开发这些策略的用途，只不过通常作为试点项目和次要活动而不是核心业务，因为它们不愿把计划的主动权交给“局外人”。

互联网称得上史上最强大的传统弊端消弭工具，迄今为止，它已颠覆了无数的传统经营模式（音乐、出版、新闻等）。互联网的优势在于它能简化信息共享程序，这一点决定了它还能进一步颠覆企业经营模式。信息密集型活动的成本不只是下跌，简直是一落千丈。

信息共享成本的下跌能够为高等教育节省一大笔资金，其实这笔账

不难算。1983年至今，高等教育成本不断上涨，增长速度是同期通货膨胀率的5倍。最新统计数据表明，美国毕业生共计欠下了1万亿美元的学生贷款。大规模在线开放课程等网络教育项目可以大幅削减（发展中国家）教育成本，为世界各地的学生带来意想不到的教育机会。金桥国际学院和吉安沙拉等组织创设的平价连锁经营模式也能收获同等成效。全世界共有6 100万小学失学和7 100万中学失学的孩子，规模化教育模式能够解决他们的教育问题。只要经营模式运用得当，只需投入少量成本即可收获更佳的成果。

针对一个具体学习问题的创新教育方法可轻易扩散到其他领域或解决截然不同的社会问题。譬如孟加拉国的编程网络教育方法稍作修改即可推广到欧洲，为公司提高员工技术熟练程度，其成本更低效果更显著。

所谓轻量级方法就是运用“最低干涉”模式解决问题。如果一种方案能够在最低干涉程度下达到期望值，又何苦将其复杂化呢？轻量级方法的另一个好处在于其成本相对较低。就以汽车共享为例。全世界的大城市大多会被堵车问题困扰，有关数据分析表明：如果15%独自开车出行的司机选择与他人共享汽车，我们每年可以从堵车成本中节省出7.57亿小时和210亿美元。采用传统方法解决交通拥堵问题意味着大量资金和基础设施投入。如果通过汽车共享应用解决交通拥堵问题，只需花少许成本即可带动上百万人参与汽车共享，带来相当可观的效果。P2P教育和职业培训也是同样的道理。这些模式都能帮政府排忧解难，但是其影响很大程度上取决于市场需求、群众接纳、信任程度、社会态度等金钱买不来的因素。

再看卫生领域。推广自助式工具可以提高健康水平并降低医疗成本。自我监控、平价远程会诊以及俯拾即是的预防护理信息等有助于减轻病人和政府的医疗负担。现如今，医疗应用几乎无所不能，它既能为糖尿病人监测血糖水平，也能为癌症病人安排化疗日程。

据预测，截至2014年，智能手机健康技术可以为医疗保险商节省58亿美元。另外一项研究表明，每增加 1 美元健康计划投入就能降低 3.27 美元医疗成本和 2.73 美元缺勤成本。它能为我们节省几十亿美元。各大商家迅速采取了行动，手机医疗服务总投入有望在 2014 年突破 46 亿美元。

不是所有的轻量级方法都需要用到尖端科技。多年以来，非洲政府部门和基金组织为提高农民使用肥料的积极性做出了不懈的努力。它们向肥料补贴项目投入大量资金，可是肯尼亚仍然只有不到 1/3 的农民坚持使用肥料。有一年，它们免费为某些农民供应肥料，结果农作物产量提高了 70%。可是到了下一季度，这些农民又开始不用肥料了。为什么呢？

农民说这是因为他们上次收成赚到的钱花完了，到了播种期，他们没有钱买肥料。“当我们有钱时，市场上没有肥料；等市场上有肥料了，我们又没钱了。”

为了扭转局势，研究人员想出了一个对策：让农民在收获期购买肥料代金券然后在播种期用这些券兑换肥料。负责执行项目的非政府组织按照市场价格销售肥料代金券，在没有任何补贴折扣的情况下，购买肥料的农民多了一倍。相比之前的国际补贴项目而言，这种轻量级方法成本更低效果更显著。

以上案例表明，先进的技术和轻量级创新方法打破了“一分耕耘一分收获”的魔咒。在投入更多和收获更少的两难抉择之间，这些方法为我们提供了第三条道路。简而言之，我们现在有办法以更低的成本换取更高的产出了。

轻量级方法的影响

在美国，汽车共享和拼车计划平均每年能够减少 1 570 万单独开车人次，节省 8.66 亿小时的时间。

改变购物习惯：你选对了吗？

每年政府部门和大型企业都会向供应商和合作伙伴购买几万亿美元的产品和服务。这些组织可以利用采购行为迅速实现方法经济的杠杆化。白宫社会创新办公室主任乔纳森 · 格林布莱特说："采购是促成积极社会变革的利器。"

经济合作与发展组织成员国政府开支占国内生产总值的46%。图7–1大致描绘了政府采购如何影响方法经济。最里层的两环（政府和采购）占据了最大份额的财政资源。其原因很简单：一是，多数政府部门对制定内部规定和签订采购合同得心应手；二是，采购行为给政府机构一种大权在握的感觉，即便有时这只是一厢情愿的想法。

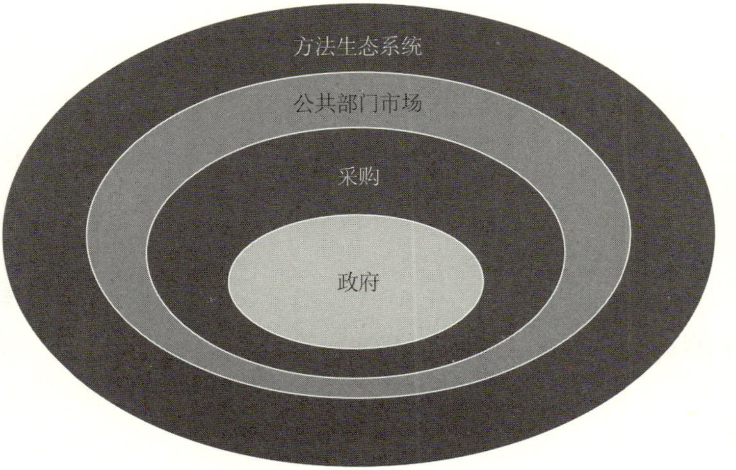

图 7–1　超越传统政府采购的影响范围

偏安于内环的政府错失了利用方法经济发展社会公益的良机。市场创新者、社会企业、双重底线企业活跃于市场外缘，它们在政府目不能及的领域创造性地利用新型妙招解决社会问题。虽然有些方案并不成功，但是另一些计划却办得有声有色，譬如第一章里介绍的FareStart餐厅。囿于传统方法，政府部门经常忽略这些私营机构的社会使命，有时甚至不甘落后于这些服务市民的社会企业。格林布莱特说："社会变革发轫于民间，政府的任务是为这类自下而上的社会变革创造条件。"一些政府机构大胆采用创新方法促进社会变革。在美国前国务卿希拉里·克林顿的领导下，国务院宣布美国国际开发署将在发展援助项目中广泛采用影响力投资策略，为私营企业、基金组织、市场资本提供交流平台。此外，价值10亿美元的印度包容创新基金希望从私营企业筹集80%启动资金，象征着传统政府资助和行政合同的式微。受制于资源限制的政府部门可以借助这类合作关系，以最少的政府开支换取最大的社会影响力。

外围的造市者可以协助传统公共部门应对那些被忽视或误解的社会问题。以废物处理合资企业为例，古普塔从私营企业和基金组织处融资，既改善了拾荒者的生活条件，也解决了当地垃圾清理问题，此举为政府节省了大笔资金。不管是创设经营模式还是拓展经营市场都没给政府添麻烦。

可惜大部分政府（尤其是西方政府）对于通过何种途径如何帮助古普塔等变革者实现规模化经营还没有一个准确的定位。因而政府部门很容易错过外围的价值创造机会。我们在第六章介绍过，新的生态系统专为解决社会问题而生。如果政府无视这些生态系统，就等于将其自身排除在灵活的造市者之外。

奥米迪亚网络工作人员马特·班尼克和葆拉·戈德曼给政府部门、基金组织和其他投资者的忠告是："依我们8年的工作经验来看，向特定地区的特定行业投资可以改变很多人的命运，而向各类组织投资可以促进某个行业的发展。"政府和大型组织与其他同行组织合作可以给整个行业带来看得见摸得着的进步，既能节约推广新型经营模式所需的时间，又能改善几百万人的生活条件。

近年来，英国政府采取了一系列扶植社会企业的措施。2013 年 1 月颁布的《社会价值法案》规定政府官员与公共机构可以向有影响力的社会组织寻求帮助，一时之间，社会企业和非营利组织成为香饽饽。如前所述，英国政府和其他追随者的目标在于将购买力的影响扩展到图 7–1 的外围，同时减少对政府主导的内环的依赖。这样做不仅能刺激方法经济，也能创造更多的公共价值。

除了倡导社会影响力投资与政府采购以外，公共部门还可以利用其他方式引导传统政府一并转型。以挑战与竞赛、开放数据、为成功埋单模式等方式向解题达人开放政府市场有利于促进供应方的发展。商家竞争可以为消费者带来好处，公共服务供应商竞争也能收获同等功效：供应商更多，选择更多，价格更低。这些方案有利于促进需求方的发展。

企业的购买力也能促进公益事业的发展。以过度捕捞为例，它曾是环保人士关注的热点问题，如今，科思科、塔吉特、沃尔玛等销售的鱼类产品都能满足海洋管理委员会制定的渔业可持续发展要求。一群敢于发声、见解独到的消费者促使大型零售商转变采购战略，所以现在每位消费者都能买到放心产品。淘汰血汗工厂、引进散养鸡蛋、公平贸易咖啡等举动展示了企业采购战略的强大影响力。

联合利华的供应链就是一个很好的例子。它的产品原料有一半来源于农场和森林。原材料不仅事关联合利华的核心竞争力，也会对全球生态系统产生致命影响。由于联合利华公司规模庞大，不管它从哪儿采购原材料都会对全球自然资源造成重大影响。有鉴于此，联合利华公司承诺：走可持续的原材料采购道路，减少对世界农业生产的压力。联合利华旗下的可持续农业计划依照 11 种社会、经济、环境指标来界定可持续的农业经营。目前它向 130 万小农业生产者进购原材料，并承诺在

2020 年前实现所有原材料的可持续化。

跨国公司可以通过强大的购买力将社会和环境标准普及到整个行业中。这种影响力会渗透到商业惯例中。不妨回顾巴塔哥尼亚公司的捐赠倡议，它倡议“将销售额的 1% 捐赠给环境组织”，后来又带动 1 000 家企业加入捐赠宣言。可口可乐等跨国公司要求其供应商接受无数独立审计以确保不存在强制劳动情况，此举有效地维护了工人的权益，有时政府不见得有能力实现这样的效果。

虽然向小生产商或中间商人购买产品或服务需要做一些前期准备工作，但是它能给偏远地区的经济发展造成深刻影响。这种采购又称为包容性经营模式。例如，哥伦比亚的乳制品公司 Alquería 向 6 500 位奶农个体户采购牛奶。它向农民提供各类技术援助，比如批量采购饲料和肥料，此举可以提高供应商的利润率。由于许多农民不具备向商业银行贷款的资质，所以它为这些农民发放小额贷款。

改造现有采购方法等于以较低的成本换取较大的社会、经济、环境效益，直接惠及卖方和买方。在不久的将来，我们会看到采购实践尤其是政府采购领域的深刻变革。

设定测量指标

比尔·盖茨常说正确的衡量标准是解题达人的指南针，它能指引市场主体把资源投向最恰当的领域并令其发挥最大效用。“创新方法（不论是新疫苗或是改良种子）必须走近那些会直接从中获益的群众，否则就不能产生实际影响。我们要改良衡量标准并探索新途径将这些创新方法配送到诊所、家庭农场、教室等有需要的领域。”

攻克社会顽疾的第一步是了解从哪些方面入手能产生实际影响。在这些准备工作的基础上，我们才有可能把创意和资源用在“刀刃”上。

目前，只有展现切实成效才能发动市民支持某项社会活动。检验实效的方法多种多样，捐赠者可以浏览类似慈善导航（Charity Navigator）的非营利组织网站、市民监督可以了解税款的去向、投资者也能评估社会责任股票。也许每个组织展示成效的方式各不相同，但是能否以成效说话事关企业寻求经济支援的成败。

就理论而言，道理很简单：将投资与成效挂钩能够优化成果。但是，知易行难，决定哪些结果应该纳入考察范围以及如何衡量这些结果之前要回答一些棘手的问题，譬如：怎样灵活界定衡量标准才能给创新留有余地？花多少经费研发衡量标准才算合适？什么时候该适可而止？

社会效益不像企业利润那么一目了然。虽然量化数据（譬如受益人群）唾手可得，但是数量毕竟不等于同质量。质量标准很难把握，因人而异，所以很难统计。统计孤儿院为多少儿童提供看护服务轻而易举，但是评估每位儿童接受的看护服务的质量难于登天。如果要从整体上把握社会效益就要投入大量管理成本，到头来能否改善衡量标准还是未知之数。

总体而言，严格审查是大势所趋，人们再也不会满足于在数量上占优势。这种严格审查的观念催生了新式优化衡量标准。

RARE是一家致力于改善生物多样性濒危地区环境的环保组织。它与众多其他环保组织的不同之处在于：除了生态环境改善程度之外，它还将当地经济发展作为衡量指数。其目标在于引导当地居民走可持续发展道路并兼顾他们的经济利益。

RARE在菲律宾一些过度捕捞地区建设垂钓禁区的同时给当地居民另寻了致富之路，譬如引进蜂箱等。重点考虑当地居民的福祉不仅保障了环保行为的长久性，也突破了传统的衡量标准（比如保护区面积）。

RARE等组织向我们展示了新型衡量标准对于提高效率的重要性，其实，与投资者共同进退也是个好办法。标准统一化有利于促进市场交易，拓展融资渠道。越来越多的组织开始意识到“闭门造车效率低下、成本高昂且不利于对比”的道理，于是聪明人基金、洛克菲勒基金、公益实验室等联合发布了IRIS（《影响力报告和投资标准》）。股东可以通过它对各类组织进行横向对比，就像美国证券交易委员会利用数据分析审核上市公司。各类组织可以借用这种公认的指标来衡量社会绩效并争取到社会资金。而投资者也可以看到投资的透明性。

IRIS等创新使得各类组织得以高效低价收集、分析和报告其收益，SROI（《投资社会回报工具》）等创新标准为我们提供了观察价值创造和价值交易全貌的制高点。衡量标准创新促使各类市场主体以系统性方法解决社会问题，没有企业能够单独解决大型社会问题的道理已经深入人心。统一衡量标准有利于汇聚零散的解题达人，促使他们精诚合作，扩大社会影响。2013年颁行的《社会发展指数》是一次大胆的尝试，它是衡量国家社会目标进程的基准，凸显了各个领域的强项和弱点。

另外，一些人对标准化测量持反对意见，他们指出：测量标准过度统一将会抹杀创意和纵容应试化心理，进而阻碍创新。其实，只要衡量标准足够简洁，我们也可以在原有的基础上增添灵活的指标。RARE组织虽然采用了独特的衡量指标，但也没有抛弃传统通用的环境指标。

除了精心设计的衡量标准系统以外，还有受惠者的反馈，后者能够真实地反映出某个社会组织产出的社会效益。Yelp网上平台让用户有机会发表他们对酒店服务、本地企业的看法，而Kiva和慈善导航等平台也让捐赠者和投资者有机会交流意见。

企业越早发现错误就越有机会改过自新和挽回用户。任由问题发酵只会给企业的名誉带来难以磨灭的污点。正因为如此，及时回馈被认为是服务型企业最宝贵的业绩检验标准。虽然及时回馈在方法经济组织里尚不多见，但是其出场率一定会随着消费者期望值水涨船高。男女老少们越来越乐于在社交网络上分享用户体验，不管这类回馈是以酒店评价或是给教授或医生打分的形式出现。各类组织也日渐意识到回馈信息的重要性并对回馈信息做出了积极回应。

以全球捐赠基金会（GlobalGiving Foundation）为例，它为弱势群体与1 000多家经筛选的草根慈善组织牵线。几年前，全球捐赠基金会向肯尼亚贫民窟居民搜集回馈信息，广泛征集贫民对各类项目活动的看法，了解组织的优势与不足，进一步探索服务缺口。不过，全球捐赠基金会并不是以采访居民的方式征集回馈信息的，而是与英国的认知边缘（Cognitive Edge）分析公司合作。认知边缘公司开发了一种软件，它能帮助全球捐赠基金会把当地居民原始信息转化成可分解、分析的直观数据，借助这些数据可以知道资金应当流向何处。我们可以把该软件看成评估与监测的2.0版。包括国际发展署计划在内的政府资助的发展计划也采纳了类似的回馈机制。

市场创新者也大胆采用回馈机制争取更佳的社会效益。如前所述，再生银行的经营模式就是建立在加强版的反馈回路之上的。回收易拉罐的市民会得到积分奖励。反过来，再生银行也能从RFID回收筒反馈的用户数据中获取关键信息。不管这些信息表明报纸回收率有待提高还是环保型产品需求量增大，再生银行都能借助这类详细指标来迎合市民需求和改善服务质量。

与善于发掘数据潜能的变革者合作往往能获取其他途径无法获取的数据。例如，维持分布在世界各地的936个UNESCO（联合国教科文组织）认定的世界文化遗产旅游景点任重而道远，每年几百万的游客能给这些景点带来新的生机。UNESCO也许要耗费九牛二虎之力才能吸引游客在“世界遗产之友”网站上点评他们所到的景点，但是如果采取与旅行顾问合作的方式，则可轻易吸引4 500万游客的注意力。这是个双赢的计划，一方面能为将来的旅客保留稀有独特的旅游景点；另一方面也有助于UNESCO根据实时需求启动保护计划。

虽然有句话说“好的测量标准是成功的一半”，但设计测量标准只是第一步。对方法经济具有决定性意义的是市场主体如何从回馈信息中找到解决问题的方法。

值得称道的是，当小额信贷项目大热时，盖茨基金会并没有像其他组织一样单纯向小额贷款组织投款。相反，它投入了大量时间和金钱来研究导致小额贷款组织成败的环境因素。最后效果如何？揭露小额贷款领域的不足之处后，盖茨基金会找到了一个合适的切口。2010 年，当发现市场上有大量储蓄需求，盖茨基金会当即向小额信贷组织投入了 580 万美元，为广大客户提供储蓄服务。前期资金初见成效后，盖茨基金会又向小额贷款领域投资了 5 亿美元。在投资之前先做研究，小试牛刀后再大举投资不失为明智之举。

如盖茨所言，“标准看似简单，但是经常被忽略，而且很难设计得当”。就方法经济而言，选择正确的指标来衡量社会影响和追踪进度是加速解决社会问题的不二法门。

方法革命 2020

本书中列举了一些人们浑然不觉的社会革命，它们悄然改变了公共价值的创造方式。方法经济会继续发展（其发展速度取决于社会环境的好坏），它将令世界焕然一新。政府部门和私营企业合作以及划时代的跨部门合作会越来越多。这些变革能够解决公共服务供不应求的问题，也给公民以掌握自己命运的机会。网络教育有助于解决发展中国家的教育财政经费不足问题。从房建计划到防治肥胖，从保护环境到改善交通，美好的未来近在眼前，只要我们有足够的智慧去把握。

诚然，了解当下不足以预知未来。颠覆性科技和创新经营模式在方法经济市场里随处可见，审视这个前途一片光明的市场时，我们当扪心自问：我能为方法经济的发展做点什么？我们还要问：哪些传统经营模式（闭门造车、一叶障目、不顾大局）是可以抛弃的？

假如上天赐我们一双慧眼，我们将看到任何经济里都不存在一成不变的事物。在这个科学技术和经营模式更迭频繁的年代，传统的服务方式必须与时俱进。在此期间，会有很多问题浮出水面。幸好，化危为机是方法经济的拿手好戏。

附录 方法经济如何实现?

政府策略

采购

开放采购市场。政府可以利用购买力塑造和创造方法市场。不妨向社会各界供应商开放政府采购市场。降低准入门槛并简化政府项目竞标程序有利于市场公平竞争和优化公共服务。

利用购买力创造需求。政府拥有足够强大的购买力拉动市场对社会问题解决方法的需求。一旦有服务供应商在公共服务领域取得突破，他们可以将此类创新方法应用于其他领域。

创造社会成效市场。竞争与奖项、社会影响债券、为成功埋单模式等措施有利于将政府采购对象从过程转移到结果。依据成效支付酬劳模式通过奖励创新来促进供应方的发展。

通过多种途径实现目标。满足于既有模式会局限想象力，把重点放在终极目标上能够激发无限创意。它能将“用户体验”上升到考察业绩的核心指标，进而实现公共服务转型。

鼓励各类供应商参与合作。支持并引导各类供应商进入公共服务领域，为创新方法与合作创造条件。为各类市场主体搭建施展抱负的平台，利用激励措施鼓励创新，吸引更多的解题达人为社会问题做贡献。

训练采购官员的选购能力。通过培训项目加深采购官员对方法经济的理解，并提高他们提出优质方法的能力。

政策

开放数据，把数据交给正确的人不仅能创造几十亿美元公共价值也能反映政府计划的实效。公开此类数据等于发掘了无数解题达人的潜能。

扩大市民选择范围。“一刀切”式公共服务通常满足不了市民的需求。建立在市民选择基础上的公共服务竞争性市场可以带来竞争的好处：供应商更多、选择范围更广、服务价格更低。扩大市民选择范围让每一位市民都能找到适合自己的服务。

及早承认错误，将损失降到最低。营造一个让政府官员敢于承认错误的文化氛围，尽早走出失败的阴影，鼓励公共服务模式创新。从一开始就明确界定成功的标准，让政府官员了解业绩好坏的指标，鼓励他们及时更正错误。如果政府官员在政府支持的项目失败时不知所措，选择和竞争都会受挫。英国政府创设出了一套程序用以检测企业的成败，确保转型时期公共服务的持续性。

慎用智能补贴措施。智能补贴措施运用得当能够提高贫困人群的购买力和鼓励商家为穷人提供服务。美国食品券计划的成功验证了补贴措施的有效性。然而，补贴虽易，撤资不易；在采用智能补贴措施之前，一定要想清楚它是否能够有效地解决根深蒂固的社会问题。出现短暂性或周期性的市场失灵时，不妨采用灵活的短期方法。

采纳轻量级方法。相比传统的集中式方法而言，轻量级方法（互联网、P2P 网络、用户制造）成本更低、效果更佳。

通过合作生产和共同创造下放权力。政府可以发动精通数字技术的市民为社会做贡献。合作生产和共同创造的要义在于不仅为人民创新，还要与人民携手创新。

向解题达人开放政府资源。从数据到配电网，从财政拨款到政策专长，政府掌握着丰富的资源，这些资源能够催化和拓展方法生态系统。尽可能地向公众开放这类资源，鼓励变革者利用它们为公益出力。

培育解题达人后备军。培养一群善于跨界解决大型社会问题的储备干部。2012 年，来自白宫的团队回应了这种需求，他们研发了一套跨界解题达人资质标准。解题达人齐聚一堂时更有可能尝试和检验创新方法。在鼓励实验的环境下，解题达人更乐于分享成功和失败的经验，从而将可以避免的损失降到最低。

法律法规考虑因素

避免过分管制共享型经济。虽然政府的职责在于保护交易安全，但是许多双向市场商家在便民服务上与政府目标一致。抓住每一个与这类组织合作的机会，将滥用权力的商家和欺诈用户清理出市场。

承认社会企业的法律地位。政府可以通过为追求社会效益和经济收益的企业创设一种法律类型来鼓励企业在财力自我维持的基础上为市民服务。确认这种企业类型后，投资者范围更广，企业经营更自由，追踪社会企业的进展更容易。

财政

通过合作实现资源最大化。面临财政紧缩时，政府可以选择与影响力投资者、基金组织以及私人企业联合赞助公共项目，以此避免削减必要的服务。此外，联合行动还能为市民提供更多有创意的个性化公共服务。美国国际开发署和斯科尔基金会就是很好的例子，它们共同向公共事业注资 4 450 万美元，借用风险投资模式给医疗、能源、政治、食品安全等领域带来了源源不断的创新。

欲知政府还可以采取哪些财政行动刺激方法经济的发展，请参见“投资者策略”。

企业策略

保持企业使命和长期目标与社会标准一致。这样企业文化和社会使命可以共同发展，企业社会责任不再停留在公关活动层面。正如自由标准集团创始人马克 · 克雷默所言：“社会效益成为衡量企业竞争力的重要指标。”

以社会标准评估日常业务。首先考虑企业按照常规惯例运营会有什么积极或者消极影响。一旦企业把社会标准纳入考虑范围，一些常规运营的弊端就会凸显，随后企业就可以着手改革。

依社会需求打造企业核心竞争力。以广阔的视角考虑你公司的竞争力。员工能为社会做些什么？他们如何从中积累经验？在此过程中，一些矛盾可能浮出水面，这些矛盾也许超出企业目前的能力范围。哪些个人或组织此前遇到过这种困难？在这种情况下，不妨考虑以合作解决问题。

瞄准市场缺口。在被忽略的需求中开辟新市场。造市者把市场缺口当作机遇而不是障碍。本书中介绍的许多组织成功地填补了金字塔底层以及西方国家的卫生保健需求空缺。

尝试逆向创新。通用电气公司（General Electric）将逆向创新当作拓展业务的制胜法宝，它从新兴市场购买产品并用其在发展中国家开辟市场。例如，通用公司某研发团队开发了一款迷你型超声波扫描仪，携带智能手机的医生可以借此工具为病人检测风湿性心脏病（发展中国家年轻人是此病症多发群体）。西方国家执业医生普遍采用了这款便携扫描仪。

大胆做出社会承诺。将捐赠额与公司收益挂钩是企业对社会价值的大胆承诺，等于对外宣称“我的就是你的”。每卖出一件商品（在星巴克等随处可见的商店均有售）健康零食公司KIND就向非政府组织建立和平事业基金会捐赠一件商品。

想办法发挥现有基础设施的效用。解决有些社会问题不一定要引进新资源，有时合理利用现有资源就能解决问题。拼车服务、汽车共享、能源优化以及垃圾回收等都是通过探索既有资源的新用途实现突破的。

改变购物习惯。完善招标程序能提高社会、经济、环境效益，对买卖双方都有好处。

将已有的经营模式纳入低收入人群市场。开拓金字塔底层市场需要有产品研发投资，涉及与其他组织合作和完善传统系统，有时其回报周期很长。这片市场里既有丰厚的经济和社会回报，也存在不少障碍，权衡利弊，看企业是否能够从中获益。

设定衡量社会效益的指标。从长远来考虑如何追踪企业创造的社会效益。重新评估企业的短期目标（如季度收入），问一问“我们为这个短期目标所做的努力对我们的社会影响目标有利还是不利？”

寻求捐助伙伴。可口可乐、拜耳、狩猎通信等跨国公司向其他企业和组织筹集资金为第三世界人民服务。捐助者可以为这些组织分担先期投入或刺激金字塔底层市场需求。

合理利用开放数据。政府公开了海量数据，各类企业可以将此信息融入服务范畴，优化客户数据，利用数据分析找出政府错过的机遇。当企业开拓新市场时，它们可以参照这类信息决策和制订营销策略。

勇于构建生态系统。将企业的目标设定为某种可以量化并能得到其他组织和个人认可的社会效益，想办法与能够助你实现此社会目标的组织或个人合作。如果你第一个发起并践行此社会目标，你的公司将成为该生态系统里最有影响力的中坚组织。

投资者策略

企业层面

组团参与早期投资。由于风险较高，早期投资尚不多见。为了鼓励创新，可将捐助资本与商业资本结合起来向社会企业和市场创新者投资。如果更多的组织愿意承担早期投资风险并鼓励其他投资者进入早期投资市场，整体投资水平都会上升。

敢于冒险，勇于认错。为了实现社会影响而奋战在方法经济一线的个人和组织注定要承担更高的风险。投资者要习惯面对新型经营模式、新兴市场以及相对较高的风险。

放长线，钓大鱼。实现社会效益比赚取企业利润要难得多，向投资者坦言这一点。向投资者解释其中的复杂性，既可以让投资者设定合理的期望，也可以吸引其他投资者。

向能够展示实效的项目投资。随着衡量标准的不断优化，社会效益变得更加直观，投资者可以向那些卓有成效的项目投资。但是，需要注意的是，有些项目可能会由一定的衡量标准来评估。明白这一点后，向多方利益相关者了解与项目有关的信息，熟悉项目的运作模式，了解项目主持方的优势和劣势。

不仅提供资本，也贡献技术。奥米迪亚网络为客户推荐人才。尼日利亚投资家托尼 · 依路米路把自己的巨额资产和商业头脑都投入到慈善中来增强非洲私营部门的竞争力。社会企业可以凭借这类资源扩大规模，在新市场中找到立足之地。为初创社会企业提供经营模式技术指导还能帮它们吸纳新的投资。

设计、检验、完善、扩散。先检验和完善，再将方法推而广之。反复实践将提炼出运作模式最优秀的特质。

不仅研发，也推广。许多投资者只对新型经营模式有兴趣。其实，向其他国家或领域推广成功的经营模式（适宜当地环境的模式）也能换来可观的利润。譬如小额信贷，这种运作模式已经扩散到世界许多国家。

生态系统层面

以全面的眼光打量市场和生态系统。任何面向市场的方法要想实现社会影响力，不仅要靠私营部门，还要仰仗其他市场主体。慈善投资者应当明白这个道理并且为社会影响最大化创造条件。

向解决特定社会问题的活动与项目投资。不要向孤立的活动（譬如清洁水源宣传活动）投资，而要向有具体目标的活动（在清洁水源意识下建设供水站）投资。同时向某个生态系统多方彼此独立的组织投资有利于促成这些组织精诚合作。

将分散的企业组织起来，扩大供应规模。一般而言，许多供应商已经在单独行动为部分边缘化市民提供服务了，只有将这些分散的需求集合起来才有可能实现目标。这样一来，大型企业和国际组织就能够为共同目标而合作。

提供基本的共享型基础设施。新型企业或经营模式的成功离不开某种必要的基础设施。这些基础设施包括物理性基础设施（譬如校舍）、社会性基础设施（譬如合作或聚合平台）、知识性基础设施（譬如网络教育中的数据分析等教程）。评估哪些基础设施必不可少，设法建立这些基础设施，帮助受资企业取得成功。

为市场创造条件。例如，盖茨基金会向坦桑尼亚的沃达康（Vodacom）公司投资480万美元进行宣传活动为M-Pesa服务的拓展准备市场。与基础设施一样，为市场创造条件鼓励市场主体改变行为，而这对于新产品的推广至关重要。

与其他投资者分担风险资本和风险管理责任。低收入人群市场非常不稳定。捐助者、投资者以及援助机构需要站出来承受并分担风险。向早期和晚期投资者分享经营信息和企业业绩有助于管理风险、先发制人地应对挑战。

创设并支持新金融中介机构。此类金融机构能从各类基金会和捐助人那里吸纳大量资金，而且它们有与社会企业打交道的丰富经验，所以它们擅长将资金投向合适的领域。较之已有的200家影响力投资基金而言，目前此类金融机构资源十分稀缺。例如，美国的基金会每年都要捐出5%的资产以维持其课税状况。白宫职员乔纳森·格林布拉特说："想想，要是这些基金组织再将5%的资产投入资本市场（通过金融中介机构平台）向社会企业注资该有多好。总共就有500亿美元了。如此一来，创新经营模式的影响也能大规模扩散了。接着，改变世界自然不在话下。"

为已证明行之有效的经营模式承担资本密集型固定成本。为推广那些已经证明卓有成效的经营模式创造条件。投资者需要承担一些运营商短期内不能以合理价格回收的先期固定成本（譬如供水亭、微型发电厂、微型输电网）。有一些资本以外的因素，譬如需求刺激、供应商接洽以及员工培训等，会导致明明可行的方案无法在财力上自我维持，投资者可以考虑承担这部分固定成本。

THE SOLUTION REVOLUTION

致 谢

如果说培育儿童需要全村人的努力，那么这本书就相当于一个孩子，因为它也耗费了那么多人的心血。虽然封面上只有我们二人的名字，但是许多热心的才子们都为此书的研究、撰写、编辑出了不少力。

德勤的梅甘 · 舒曼女士是本书的首席研究员。她从一开始就参与本书的编写，全书都有她的努力。此外，梅根还在用新方法解决社会问题方法给了我们不少启迪。有了她的热情和好奇心，本书的编写过程才充满欢声笑语。梅根一定会有一个锦绣前程。

克里斯托弗 · 本兹和尼克 · 希伯特这两位志在天下、才华横溢的青年学者也是本书莫大的功臣。许多案例和模型都出自他二人之手。我们相信二位终有一天会凭着异于常人的禀赋成为畅销书作者和知名社会企业家。

约翰 · 奥利里非常慷慨地逐字阅读了本书的原稿并给我们提出了宝贵的意见。他给的回馈一针见血、诙谐幽默、实事求是，对于我们而言是无价之宝。

许多德勤的同僚也为本书做出了突出贡献。杰里特 · 迈尔斯、克里斯·凌、海伦·刘、尼古拉斯·富尔福德为我们的原稿贡献了无数研究成果和反馈。伊丽莎白·亨利也为我们做了许多编撰工作。马赫什·凯尔卡、托马尔·比斯瓦斯、阿皮吉德·库帕卡尔把他们的数据分析技能用于测量方法经济。玛莎·科林斯、阿木丽塔·达塔尔、阿图尔·古加拉尼、维克兰特·杰恩、欧文·桑德森为我们提供了一流的技术支持。瑞安·阿文诺斯和乔恩·华沙斯基帮助我们撰写了序言。乔纳森·库普斯基以及约翰·舒马戴恩从始至终都在支持本书的研究。埃文·霍赫贝格和戴夫·皮尔逊帮我们联系了世界各地的德勤变革者。劳伦·米斯特雷塔、埃米·化纳德、卡罗琳·瓦迪诺、埃米·波特贝格为本书做了不少营销工作。尤其要感谢蒂法尼·费什曼，她为本书贡献了交通案例并在我们为本书结尾争执不下时确保此书得以完成。

迈克尔·库不詹斯基是我们在德勤·摩立特的同僚，他给了我们详尽的反馈意见。他和阿希什·卡拉姆昌德尼、哈维·科赫以及阿纳米特拉·德布等其他德勤·摩立特同事让我们深入了解印度和非洲的方法经济发展状态。他们是影响力投资界的先驱人物，他们的新型方案和经营模式对我们的思想有很大影响。

我们还要感谢其他德勤的同事。基肖尔·拉奥通读了全书初稿并给我们提供了很有见地的反馈。德勤政府工作室的其他同僚时不时给我们以鼓舞和灵感。尤其要感谢的是普拉卡什·阿克塞、伊丽莎白·阿诺德、昆诺·比哈尔、内斯·迪亚兹·乌达、德文·哈利、琳赛·希契科克、维坦·卡波尔、乔·莱恩巴克、沙鲁布提·沙阿、卡拉·舒勒、查尔斯·蒂尔尼和霍华德·杨，他们为本书各章提出了非常重要的意见。

还要感谢其他德勤同僚为我们付出时间并提出建议。他们分别是：乔·以舜、戴维·弗里德曼、弗兰·格里尼、迈克·吉姆、基廷德尔·科利、梅特·林嘉尔德、约翰·门内尔、凯特琳·玛丽·瑞安、西蒙·斯特兰奇以及纳玛斯·维达摩尔赛。

一帮澳大利亚和加拿大的好友为我们校阅了初稿，他们在此领域有很高的造诣。他们分别是：尼古拉斯·格伦、戴维·米切尔、加里·林德高、马丁·斯图尔特·威克斯以及戴维·族斯曼。布鲁斯·赖特为我们做了许多编辑工作。正因为有你们的反馈，本书才得以完善。

我们为编写本书采访了数百位造市者，从他们那儿我们学到了不少关于解决问题的方法。限于篇幅，来不及一一道谢。但是无论如何都有必要提及以下各位的大名，他们分别是：阿育王组织的比尔·德雷顿和蒂娜·蔡、聪明人基金会的萨莎·迪希特、杰奎琳·诺夫格拉兹、亚斯米纳·扎伊德曼、美国代码的詹妮弗·帕哈卡、卡歌网的安东尼·戈德布卢姆、Kiva的普莱姆·沙阿和费森·里格斯、奥米迪亚网络的苏珊·菲利普斯和埃米·克莱门特以及废物处理合资企业的帕拉格·古普塔。

无数的政府官员帮助我们厘清思绪并了解政府如何加入方法革命和加速方法革命进程的种种途径。我们要特别感谢英国内阁办公室的加雷斯·戴维斯、白宫的乔纳森·格林布莱特、世界银行的尼克·曼宁、经济合作与发展组织的埃德温·刘、波士顿的奈杰尔·雅各布、纽约市的罗恩·高南、航空航天局的乔·帕里什、简恩·格斯特提克和贾森·克鲁萨以及丹麦“智慧之门”的克里斯蒂安·巴松。

这是比尔第二次与哈佛商业评论出版社合作了，和保罗是第一次。哈佛商业评论出版社给我们提供了完美的团队支援。杰夫·基欧是一位不可多得的编辑。他总是知道何时该坚守底线（譬如“不行，你不能在两周之内频繁修改标题”），何时灵活变通（譬如“好吧，就依你的，在每章结尾放一个表格”）。杰夫为我们搜集了大量的同行盲评，这些回馈意见帮助我们完善了这本书。我们会怀念与哈佛商业评论出版社的同僚共事的日子，他们包括阿莉森 · 彼得、埃丽卡 · 图克斯勒尔、妮娜 · 路西欧林诺、埃林 · 布朗和斯蒂凡尼 · 芬克斯。有这么专业的团队在背后支持我们实在是我们的荣幸。

亲朋好友的支持给了我们莫大的鼓舞。摩根 · 罗丝一直陪伴在比尔的左右。在本书编写过程中，她给予了比尔无限的耐心和支持。摩根提出了许多独到的问题帮助比尔突破了无数写作瓶颈。艾格斯总是乐于阅读书稿并提出无价的见解。他的妻子芬德拉以及比尔的哥哥托芙也是非常优秀的作家，他们帮忙提出了许多有关标题和案例的意见。

保罗的家人也全力支持了本书的写作。有了珍妮特的支持，本书的写作过程异常顺利。凯尔和凯特对本书表现出的兴趣极大地鼓舞了保罗。麦克米伦感谢合作者比尔的引导，写作本书实在是一种愉悦的经历。